Hundert Prozent Selbstliebe

Wie du in 30 Tagen dein Leben für immer veränderst

MARISA SCHMID

Copyright ©2018
Marisa Schmid
All rights reserved.

ISBN: 9783033067530

Inhaltsverzeichnis

VORWORT		v
TAG 1	Ich bin inspiriert	1
TAG 2	Ich bin mutig	5
TAG 3	Ich bin fröhlich	9
TAG 4	Ich bin getragen	13
TAG 5	Ich bin fokussiert	17
TAG 6	Ich bin achtsam	21
TAG 7	Ich bin zentriert	25
TAG 8	Ich bin lichtvoll	29
TAG 9	Ich bin reflektiv	33
TAG 10	Ich bin dankbar	39
TAG 11	Ich bin im hier und jetzt	43
TAG 12	Ich bin im Frieden	47
TAG 13	Ich bin entschlossen	53
TAG 14	Ich bin mitfühlend	57
TAG 15	Ich bin kraftvoll	63
TAG 16	Ich bin authentisch	69
TAG 17	Ich bin in der Fülle	75
TAG 18	Ich bin energiegeladen	79
TAG 19	Ich bin selbst-wirksam	83
TAG 20	Ich bin glücklich	87
TAG 21	Ich bin präsent	91
TAG 22	Ich bin in Harmonie	95
TAG 23	Ich bin geliebt	99
TAG 24	Ich bin selbst-bewusst	103
TAG 25	Ich bin engagiert	109
TAG 26	Ich bin richtig	115
TAG 27	Ich bin seelenvoll	121
TAG 28	Ich bin in meiner Mitte	127
TAG 29	Ich bin machtvoll	133
TAG 30	Ich bin göttlich	137
NACHWORT		141
EIN GROSSES DANKE!		145

Vorwort

Ich bin ein Kristallkind — so beginne ich die Vorstellung auf meiner Website.

Doch lass mich dazu etwas mehr sagen.

Ich bin Marisa und ich wurde als eines jener extrem frühen Kristallkinder geboren, die den Auftrag hatten, den Weg für die nachkommenden Kinder der neuen Zeit zu bereiten.

Diese Aufgabe hat es — milde ausgedrückt — in sich.

Ich bin in meinem Leben durch dunkle Täler gegangen und musste intensiv lernen mit meinen tiefen Gefühlen und meinen extrem ausgeprägten Hellsinnen zurechtzukommen. In einer Zeit, in der Computer, laute Musik und Ablenkung immer wichtiger wurden, hatte ich die Aufgabe zu erkennen, wie ich optimal auf meine inneren Impulse hören konnte. Ich musste mir klar werden, wie genau ich auf meine Hellsicht und auf meine Hellhörigkeit vertrauen konnte. Natürlich war es auch eine grosse Aufgabe für mich mir anzueignen, wie ich mich in meinem Alltag abgrenzen konnte, so dass ich mit meiner Hellfühligkeit nicht zu viel wahrnehmen konnte, was um mich herum geschah.

Diese Herausforderungen haben mich oft an meine Grenzen gebracht und ich war zeitweise überzeugt davon, dass mein Leben ein Fehler war. Ein Missgeschick sozusagen und dass ich gar nicht hätte geboren werden dürfen.

So war ich aufgefordert, einen Weg zu beschreiten, den viele Menschen in meinem Umfeld für unbeschreitbar hielten und ich musste mir oft sagen lassen, dass ich doch verrückt sei. Das hat mich zwar immer wieder zweifeln lassen, doch es hat nie dazu geführt, dass ich diesen Weg nicht gegangen bin.

Denn zum Glück steckt in mir nicht nur ein zartes Kristallwesen, sondern auch eine kraftvolle Kämpferin und so habe ich mich entschieden, meinen Weg nicht nur gut und erfolgreich zu gehen, sondern auch in tiefer Liebe zu mir selber, zu meinem Leben und zu meinem Umfeld.

Mein Weg hat mich in eine eigene Praxis geführt, in der ich seit vielen Jahren Klientinnen und Klienten dabei betreue, ihren Lebensweg zu erkennen und zu gehen. Als spirituelle Lehrerin und mediale Beraterin begegnen mir täglich Menschen, die auf der Suche nach konkreter und nachhaltiger Hilfe sind. Durch meine stark ausgeprägten Hellsinne bin ich in der Lage, Potentiale, Fähigkeiten und auch Blockaden in der Aura meiner Klientinnen und Klienten klar zu erkennen. Durch diese Hellsinne kann ich präzise und klare Hilfestellung leisten und meinen Kunden helfen, sich mit ihrem Spirit Team so zu verbinden, dass sie konkrete Hilfe im Alltag erhalten.

VORWORT

Ich nenne diese Hilfe aus der geistigen Welt das "Spirit Team", denn wenn ich meine Klienten anschaue, dann sehe ich nicht einfach nur einen Schutzengel. Ein Spirit Team umfasst alle möglichen Formen von Energiewesen, die uns begleiten. Das kann ein Schutzengel sein, ein Geistführer, es können Ahnen, Sternenwesen oder Krafttiere genauso sein, wie Verstorbene oder aufgestiegene Meister und Erzengel. Gerade bei Menschen, die intensiv an ihrer eigenen Seelenentwicklung arbeiten, kann dieses Spirit Team gut 15 bis 20 Lichtgestalten umfassen.

Während der Arbeit mit und für meine Klienten hat mir mein eigenes Spirit Team immer klarer vor Augen geführt, dass viele Menschen grosse Schwierigkeiten mit dem Thema Selbstliebe haben. Sie haben zwar theoretisch verstanden, dass sie liebevoll mit sich selber sein müssen, doch sie verstehen nicht, wie sie dies im Alltag umsetzen können.

Mit diesem Buch habe ich ein Werk geschrieben, dass dabei eine Hilfe und eine konkrete Anleitung ist. Du bekommst in diesem Buch jeden Tag eine Affirmation, mit der du arbeiten kannst. Daneben bekommst du viele erchannelte Botschaften und jeden Tag Fragen, die dich dazu führen sollen, dein Verhalten zu überdenken und zu verändern.

Dieses Buch ist als Arbeitsbuch gedacht. Besorge dir einen schönen Stift und schreibe deine Ziele, deine Erfahrungen und deine Herausforderungen direkt hinein. Vielleicht machst du mit dir selber eine bestimmte Zeit aus, wann du mit diesen Affirmationen arbeiten möchtest. Am Morgen früh, bevor du in deinen Alltag startest. Oder vielleicht lieber am Abend, damit du dich für den kommenden Tag vorbereiten kannst?

Indem du dich jeden Tag mit deiner Selbstliebe auseinandersetzt, wirst du einen Prozess machen, der dich deiner Selbst, deiner Seele und deinem Lebensplan ein grosses Stück näherbringt.

Die Arbeit mit diesem Buch wird sehr intensiv für dich sein. Vielleicht merkst du nach ein paar Tagen, dass du einen Tag Pause brauchst. Dann lege diese Pause ein und gönne deiner Seele und deinem Körper Zeit, sich an die neuen Energien zu gewöhnen. Wir arbeiten in diesem Buch mit vielen "Ich bin" Affirmationen. Die Aussage "Ich bin", ist eine der stärksten und kraftvollsten Wahrheiten, die du in deinem Leben aussprechen kannst. "Ich bin" verbindet sich mit dem kosmischen Urklang OM. OM ist der Ton, aus dem das Universum entstanden ist.

In dem du dich mit OM und mit den heiligen Worten "Ich bin" verbindest, bringst du dich in deine Kraft, in deine Mitte und du verbindest dich direkt mit deiner Seele. Durch diese Seelenverbindung kannst du tiefgreifende Veränderungen in deinem Leben bewirken und erkennen, wie unendlich deine Seele ist.

Notizen:

Tag 1

DIE AFFIRMATION FÜR DEN 1. TAG IST:
Ich bin inspiriert

Hast du dir schon einmal überlegt, was Inspiration eigentlich heisst?

Inspiration steht dafür, dass man etwas eingehaucht bekommt. Zum Beispiel einen göttlichen Funken oder einen wunderbaren Gedanken, der sich einfach in den Kopf—oder eben ins Herz—hineinschleicht und dort verbleibt.

Wenn du dir überlegst, was dich in deinem Leben inspiriert, was ist es?
- Sind es die Menschen in deinem Umfeld, die dich inspirieren und glücklich machen?
- Lebst du deine Berufung und findest Inspiration in deiner täglichen Arbeit?
- Bist du viel in der Natur und fühlst dich inspiriert von dem, was du da siehst und erleben darfst oder ist es ein schönes Gedicht, das dich inspiriert?
- Was hat dich in den letzten Tagen am Meisten inspiriert?

- Hast du vielleicht übergrosse Erwartungen an das Wort Inspiration?
- Oder kannst du fühlen, dass sich hinter diesem grossen Wort auch kleine Wunder verbergen können?

Wenn man ein Leben im Einklang mit der geistigen Welt lebt, dann erlebt man jeden Tag inspirierende Momente und Augenblicke. Eine Inspiration kann sein, dass man eine schöne Blume am Wegrand entdeckt. Es kann sein, dass man ein berührendes Lied hört. Es kann eine Begegnung sein, bei der die Herzen miteinander sprechen.

Die geistige Welt vermittelt uns, dass sie dafür da ist, uns jederzeit und ständig zu inspirieren, denn unseren Geistführern und Engeln ist es ein Herzensanliegen, dass wir glücklich sind. Wir sind dann glücklich, wenn wir inspiriert sind und darum werden wir immer und jederzeit von unserem Spirit Team inspiriert.

Aber oft hetzen wir durch unser Leben, in Gedanken versunken und abgelenkt. Und dabei erkennen wir nicht, wie inspirierend unser Leben eigentlich ist.

Ich möchte dir heute folgende Aufgabe geben, um diese Kur in radikaler Selbstliebe gut zu starten:

Lasse dich heute inspirieren. Sei achtsam und aufmerksam. Was ist die Inspiration des heutigen Tages für dich? Was hat dich berührt?

TAG 1

DEINE HEUTIGE AUFGABE:
Bitte dein Spirit Team darum, dass es dich heute mit etwas inspiriert, dass dich durch die kommenden 30 Tage begleiten soll.

Das kann ein kleines Geschenk sein, dass dir begegnet — eine Feder, ein schönes Stück Holz oder ein besonderer Stein — oder ein schöner Gedanke, der dir in den Sinn kommt und den du aufschreibst.

Es kann das Lachen eines Kindes sein oder die hilfreiche Hand eines Freundes. Lass dir von deinen Engeln zeigen, was DEINE Inspiration für die kommenden Tage sein soll.

ÜBUNG DES TAGES:
Schreibe dir auf, was dich inspiriert hat und wieso es dich inspiriert hat. Überlege dir auch, wie sich diese Inspiration auf die nächsten Tage in deinem Leben auswirken darf.

Ich bin heute inspiriert durch:

_____

_____

Diese Inspiration wird sich folgendermassen auf mein Leben auswirken:

_____

_____

Tag 2

Wie war dein erster Tag? Hast du dich inspiriert gefühlt?
Was für ein Gefühl war es für dich, einen Tag voller Inspiration zu erleben?

Heute geht es ans Eingemachte. Heute geht es darum, dass du dich auf die kommenden Tage einstellst und dass du eine starke Erklärung FÜR DICH machst.

DIE AFFIRMATION FÜR DEN 2. TAG IST:

Ich bin mutig

- Ich wage es, mich dem Leben und all seinen Aufgaben zu stellen.
- Ich wage es, mich für mich selber einzusetzen
- Ich wage es, mich zu lieben und anzunehmen.
- Ich bin mutig und ich entscheide mich bewusst, meinen Seelenplan JETZT zu leben!

Heute möchte ich, dass du dir überlegst, in welchem Bereich deines Lebens du mutig sein möchtest. Möchtest du mutig darin sein, dich selber liebevoll anzunehmen? Dann wäre eine mögliche Aufgabe für dich, dass du dich in den nächsten 30 Tagen jeden Tag unbekleidet vor den Spiegel stellst, dir in die Augen schaust und dir sagst: Ich liebe mich.

Damit lernst du, dich genau so anzunehmen, wie du bist. Du erkennst dich mit all deinen Ecken und Kanten und nimmst dich gerade deswegen liebevoll an.

Du könntest auch sagen, ich will mutig sein und für mich einstehen. Dann wäre eine mögliche Übung für dich, dass du in jeder Kommunikation deine Wahrheit sprichst. Dass du nur JA zu etwas sagst, wenn du auch JA meinst und nicht, wenn es darum geht, jemanden zufrieden zu stellen.

Vielleicht hängst du noch zu sehr in deiner Vergangenheit und kannst alte Verletzungen nicht vergeben. Wie wäre es dann, wenn du mutig bist und diese Verletzungen jetzt noch einmal anschaust und sie dann bewusst hinter dir lässt? So, dass du den Menschen, die dich damals verletzt haben, vergeben kannst und nicht mehr schlechte Gefühle gegen sie hast.

DEINE HEUTIGE AUFGABE:
Entscheide dich, wo, wie und in welchem Bereich deines Lebens du in den nächsten 30 Tagen mutig sein willst. Entscheide dich ganz konkret für ein Ziel, das du erreichen willst und wofür du Mut brauchst.

ÜBUNG DES TAGES:

Schreibe es auf und notiere auch auf, wie du dein Ziel erreichen möchtest. Was braucht es, um dein Ziel zu erreichen? Mache einen konkreten Plan und beginne heute damit, ihn umzusetzen.

Ich möchte folgendes Ziel erreichen:

_____

_____

_____

Ich werde folgende Schritte tun, um dieses Ziel zu erreichen:

_____

_____

_____

Tag 3

Wie geht es dir heute? Bist du erstaunt über deinen Mut, den du gestern hattest?
Du machst das grossartig und du darfst stolz sein auf alles, was du bereits geschafft hast!

Nun wollen wir in den Tag starten und in die heutige Affirmation.

DIE AFFIRMATION FÜR DEN 3. TAG IST:

Ich bin fröhlich

Denkst du dir jetzt: Oje, ich bin aber gerade nicht fröhlich? Oder hat die Affirmation des Tages dir vielleicht bereits automatisch ein Lächeln ins Gesicht gezaubert?

Wenn du dir überlegst, dass du gestern schon wirklich mutig warst, dann hilft dir das vielleicht, dass du heute fröhlich sein kannst.

Fröhlich sein ist nichts, was aus dem Aussen geschieht. Es ist eine bewusste Entscheidung von dir, dass du fröhlich bist.

Ich weiss, es gibt Tage, an denen man einfach kaum fröhlich sein kann. Montage können solche Tage sein. Manchmal ist es schön, einen Tag lang einfach brummig zu sein.

Hast du schon einmal darauf geachtet, was mit dir passiert, wenn du brummig bist? Wenn du so richtig sauer bist, wie geht es dir dann? Was ziehst du dann in dein Leben? Wie reagieren die Leute dann auf dich?

Fröhlich zu sein ist eine Entscheidung, die du bewusst triffst. Indem du dich entscheidest, fröhlich zu sein, entscheidest du, Freude in dein Leben zu bringen und damit noch mehr Freude in deinem Leben anzuziehen.

Kennst du das göttliche Prinzip der Anziehung? Es besagt, dass das, was du aussendest, auch zu dir zurückkommt. Wenn du also fröhlich bist und gute Gedanken und Gefühle in die Welt trägst, dann bekommst du gute Gedanken und Gefühle zurück. Wenn du brummig bist, bekommst du auch Brummiges zurück. Gestern hast du dich entschieden, in den kommenden Tagen mutig zu sein und deine Komfortzone zu verlassen. Und ich möchte, dass du heute darüber froh und fröhlich bist. Habe keine Angst vor den Zielen, die du dir gesetzt hast, sondern sei begeistert darüber!

Du bist grossartig! Du bist eine leuchtende Seele und ich möchte, dass du heute immerzu daran denkst, dieses Leuchten und das Glück, du zu sein, in die Welt zu tragen. Denn es ist ein Glück, du zu sein!

Geniesse deinen Tag! Lass es dir gut gehen! Sei liebevoll und fürsorglich zu dir und gönne dir ganz bewusst etwas Gutes.

Und dann trage dein Glück und deine fröhliche Laune in die Welt und erschaffe damit eine bessere Welt, ein Platz, an dem sich mehr Menschen wohl fühlen können.

Und sei jederzeit stolz auf dich!

ÜBUNG DES TAGES:
Reflektiere für dich. Wie konntest du deine Laune heute beeinflussen mit dem Entscheid, fröhlich zu sein?

Was ist dir besonders aufgefallen?

_____

_____

_____

_____

Tag 4

Wie war es, einen ganzen Tag lang fröhlich zu sein?
Was hast du gestern alles erreicht und geschafft in deinem fröhlichen Zustand? Bist du erstaunt, wie produktiv man wird, wenn man gut gelaunt ist?

DIE AFFIRMATION FÜR DEN 4. TAG IST:

Ich bin getragen

Fühlst du dich manchmal einsam und hast das Gefühl, allein auf weiter Flur zu stehen?

Dann lass mich dir ein Geheimnis verraten: Du bist niemals allein und du wirst immer getragen.

Deine Geistführer, Krafttiere und Schutzengel sind immer und jederzeit bei dir und helfen dir dabei, deine Lebensaufgabe zu tragen. Sie sind für dich da und sie lieben es, mit dir in Kontakt zu sein.

Heute möchten sie dir vermitteln, dass sie dich jederzeit tragen. Besonders in Situationen, in denen du das Gefühl hast, nicht mehr genug Kraft für dein Leben zu haben.

Viele Lichtarbeiter sind mit einem grossen Rucksack an Aufgaben und Herausforderungen auf diese Erde gekommen. Sie brauchten damals diesen Rucksack, damit sie ihre hohe Schwingung an die Schwingung der Erde anpassen konnten. Doch jetzt ist dieser schwere Rucksack nicht mehr notwendig. Jetzt schwingt die Erde in einer Energie, die für die Lichtarbeiter immer einfacher wird.

Dennoch vergessen es viele Lichtarbeiter, dass es nur ein Rucksack ist. Nur ein Hilfsmittel — Ballast, den du dir eingepackt hast, damit du dieses Spiel besser mitspielen kannst.

Immer, wenn dir dein Rucksack zu schwer wird, hast du das Gefühl von Einsamkeit. Doch sei gewiss: Du bist niemals einsam und niemals allein.

Dein Spirit Team ist wunderbar, grossartig und vielseitig. Und sie sind jederzeit für dich da und tragen dich.

Ich möchte, dass du dir heute Zeit nimmst, mit deinen Engeln und Geistführern zu sprechen. Stelle sicher, dass du 15 Minuten Zeit für eine Meditation hast und verbinde dich dabei intensiv mit deinem Spirit Team. Dafür setzt du den bewussten Impuls, dich mit deinen Geistführern zu verbinden.

Wenn du dich in letzter Zeit einsam gefühlt hast, dann erzähle ihnen während der Meditation davon und höre zu, was sie dazu zu sagen haben.

Wenn du dich besonders verbunden gefühlt hast mit ihnen, dann übermittle ihnen das, damit sie wissen, dass ihre Bemühungen bei dir angekommen sind.

Erkenne, dass du ein grosses, hilfreiches Team hast, dass jederzeit und immerzu an deiner Seite steht und bereit ist, dich zu unterstützen.

ÜBUNG DES TAGES:
Hat dein Spirit Team heute eine besondere Botschaft für dich? Wie lautet sie?

_____

_____

_____

_____

_____

Tag 5

Wie hast du dich gestern gefühlt?
Konntest du wahrnehmen, wie sehr du getragen bist? In welcher Form hast du dein Spirit Team wahrgenommen?

Ich finde es wunderschön, mir meiner Geistführer bewusst zu werden. Ich liebe es, mit ihnen in ein Gespräch zu gehen und mich bewusst mit ihnen auszutauschen.

DIE AFFIRMATION FÜR DEN 5. TAG IST:

Ich bin fokussiert

Wunderst du dich gerade, was fokussiert sein mit Selbstliebe zu tun hat? Lass mich dir ein Geheimnis verraten: Es hat ganz viel mit Selbstliebe zu tun.

Wenn du tief in deinem Innern den Wunsch verspürst, ein gewisses Ziel in deinem Leben zu erreichen, dann brauchst du einen starken Fokus, damit du auf dieses Ziel hinsteuern kannst. Du brauchst die notwendige Energie, die Kraft, die Passion und den nötigen Durchhaltewillen.

Vielleicht kannst du in dir fühlen, dass es deine Lebensaufgabe ist, die Liebe in die Welt zu tragen. Oder aber, dass du den Auftrag hast, als Therapeut, Lichtarbeiter oder Mensch mit offenem Ohr durch die Welt zu gehen. Und doch passiert es dir schon seit vielen Jahren, dass du dich immer wieder von diesem Lebensziel ablenken lässt. Du machst Umwege oder lässt dich verunsichern durch Menschen und Umstände. Natürlich ist es oft einfacher, den Weg des geringsten Widerstands zu gehen, doch macht dich dieser Weg auch glücklich?

Denn dabei verlierst du den Fokus und du bist nicht mehr auf dein ursprüngliches Ziel eingestellt.

Um dich wirklich und wahrhaftig in Selbstliebe anzunehmen, ist es unbeschreiblich wichtig, die eigenen Ziele anzugehen. Den Seelenplan wahrhaftig anzunehmen und ihn optimal umzusetzen.

ÜBUNG DES TAGES:
Fühle in dich hinein und spüre, wie dein Fokus in Bezug auf deine Lebensaufgabe oder deine tiefen Wünsche ist. Bist du gut fokussiert? Hast du Mühe und lässt dich immer wieder von deinen Plänen, Wünschen und diesem inneren Ziehen abbringen?

Entscheide dich heute, deinen Fokus bewusst und achtsam so zu setzen, dass du deine Wünsche zu Zielen machen kannst und deine Ziele zu Realitäten!

TAG 5

Mein Ziel ist folgendes:

_____

_____

_____

_____

Das hilft mir, meinen Fokus zu halten:

_____

_____

_____

_____

Tag 6

Wie hast du deinen Fokus gesetzt? Fühlst du dich befreit, weil du einen bewussten Entscheid getroffen hast, deinen Lebensträumen nun ihren wirklichen Platz einzuräumen?

DIE AFFIRMATION FÜR DEN 6. TAG IST:

Ich bin achtsam

- Bist du jederzeit achtsam?
- Oder verlierst du dich in der Hektik der Zeit und der Tage?
- Was bedeutet es eigentlich für uns, wenn wir lernen, achtsam zu sein?

Achtsamkeit bedeutet, die Tätigkeiten im Leben bewusst zu machen. Wie oft passiert es in unserem Alltag, dass wir unsere Aufgaben "nur ganz schnell", "nebenbei" erledigen. Wir kochen, während dazu das Radio oder der Fernseher läuft. Wir putzen die Zähne, während wir in Gedanken die Einkaufsliste für Morgen schreiben. Wir stehen unter der Dusche und planen den Tag. Oder wir gehen spazieren und denken dabei über den Streit mit dem Chef nach.

Achtsamkeit verlangt von uns, dass wir das, was wir gerade machen, bewusst machen. Wenn wir kochen, dann sind unsere Gedanken bei den Lebensmittel, die wir für diese Mahlzeit verarbeiten. Wir schneiden eine Karotte. Mehr machen wir nicht. Unsere Achtsamkeit und unser Bewusstsein ist bei der Karotte.

In unserer hektischen Welt, in der Multitasking so hoch angesehen wird, ist Achtsamkeit oft auf verlorenem Posten. Denn wir haben in unserem Alltag kaum mehr Zeit, achtsam zu sein.

Doch indem wir die Achtsamkeit verlieren und ständig mit den Gedanken in der Zukunft oder in der Vergangenheit sind, verlieren wir auch uns selber aus den Augen. Wir verlieren die Fähigkeit, uns selber, unsere Befindlichkeit, die Bedürfnisse unseres Körpers und unserer Seele wirklich wahrzunehmen.

Wir hören unserer Seele nicht zu, wenn sie laut danach schreit, dass sie in Liebe angenommen werden möchte, sondern lenken uns mit dem Fernseher oder dem Smartphone ab und lassen uns unterhalten.

Unter-halten.

Wir halten die Energie unten und lassen nicht zu, dass sie sich erhöhen und entfalten darf.

Wie meinst du, fühlt es sich an, wenn du dir nach dem Duschen dein Gesicht ganz bewusst eincremst? Was wirst du wahrnehmen und fühlen, wenn du mit den Gedanken und deiner Achtsamkeit wirklich bei dir bist, während du die Creme auf deiner Haut verteilst und dir so etwas Gutes tust?

ÜBUNG DES TAGES:
Nimm dir heute Zeit dafür, deinen Tag ganz bewusst und ganz achtsam zu gestalten. Stelle dich bewusst unter die Dusche. Fühle, wie das Wasser über deinen Körper fliesst. Nimm wahr, wie alte Verletzungen und Verwundungen dadurch abgewaschen werden. Fühle, wie du gereinigt wirst, äusserlich und auch innerlich.

Nimm wahr, wie sich dein Körper fühlt, wenn er liebevoll von dir gewaschen wird. Nimm dir bewusst Zeit und sei liebevoll zu dir.

Gestalte deinen ganzen Tag mit achtsamen Elementen. Nimm bewusst Mahlzeiten zu dir, gönne dir bewusst Zeit für Sport oder einen Spaziergang. Höre bewusst Musik und nimm dir für heute vor, mit den Gedanken jederzeit da zu sein, wo auch dein Körper ist. Ich wünsche dir viel Freude dabei.

Ich war heute in diesen Punkten achtsam:

_____

_____

Ich habe mich dabei so gefühlt:

_____

_____

Tag 7

Welche Erkenntnisse hast du gewonnen, weil du achtsam und aufmerksam durch deinen Tag gegangen bist?

Die bewusste Auseinandersetzung mit dem achtsamen Umgang mit uns selber kann Grosses in Bewegung setzen. Vielleicht kannst du fühlen, dass sich in der letzten Woche bei dir schon einiges verändert hat. Hast du Tagebuch geführt und festgehalten, wie dein Weg bisher war?

Du kannst stolz auf dich sein! Bereits seit einer Woche bist du auf diesem Weg in die radikale Selbst-Liebe und ich bin sicher, du hast schon vieles manifestiert, dass dir deinen Weg einfacher macht!

DIE AFFIRMATION FÜR DEN 7. TAG IST:

Ich bin zentriert

Merkst du es, wenn du deine Mitte verlierst? Was verändert sich dann?

In meinen Beratungen stelle ich immer wieder fest, wie viele Menschen nicht mehr in ihrer eigenen Mitte sind. Sie verlieren sich in ihrem Alltag, in den Anforderungen von Job, Familie, Freunden und sich selber. Sie scheinen gar keine Zeit mehr zu haben, sich um sich selber zu kümmern und verlieren sich immer mehr aus den Augen.

Doch damit verlieren wir unsere Ziele und oft auch unsere Lebensaufgabe aus den Augen.

Die geistige Welt hat mir dazu ein wunderbares Bild übermittelt. Wir haben in unserem Leben die Aufgabe, die Zentralsonne in unserer Galaxie zu sein. Der Fixstern, um der sich alles dreht.

Doch viele Menschen verlieren dieses Wissen im Verlaufe ihres Lebens immer mehr. Und so geschieht es, dass sie — statt alle andern gemächlich um sich selber drehen zu lassen — versuchen, hektisch und oft sehr erfolglos, um alle Planeten in ihrer Galaxie zu drehen und sie möglichst gleichmässig mit Licht und Wärme zu versorgen.

Wenn du dir dieses Bild vorstellst, wird dir sofort klar, dass dies auf keinen Fall funktionieren kann. Dein Leben kann nur in Harmonie und Frieden sein, wenn du bereit bist, in deiner Mitte zu sein und dich jederzeit zu zentrieren. Denn nur, wenn du in deiner Mitte bist und dein Zentrum spürst, kannst du wirklich in deiner Kraft sein. Nur dann bist du in der Lage, aus der Liebe zu handeln, egal ob dir oder andern gegenüber. Indem du dich regelmässig zentrierst, kannst du kraftvoll und liebevoll dein Leben gestalten, in achtsamer, bewusster Selbst-Annahme.

Schreibe dir heute auf, wo in deinem Leben du gut zentriert bist und in welchen Situationen du immer wieder aus deiner Mitte fällst. Schaue ganz genau, welche Situationen, welche Menschen, welche Aussagen und Verletzungen oder welche Anforderungen an dich dazu führen, dass du aus deiner Mitte fällst.

ÜBUNG DES TAGES:

Überlege dir nun, was du verändern könntest, damit dich diese Situationen nicht mehr aus deiner Mitte werfen. Was kannst du tun, damit du trotz Hektik, Stress und Druck gelassen bleibst und fest in deiner Mitte verankert?

In folgenden Situationen falle ich aus meiner Mitte:

_____

_____

_____

Das werde ich in Zukunft tun, um nicht mehr aus meiner Mitte zu fallen:

_____

_____

_____

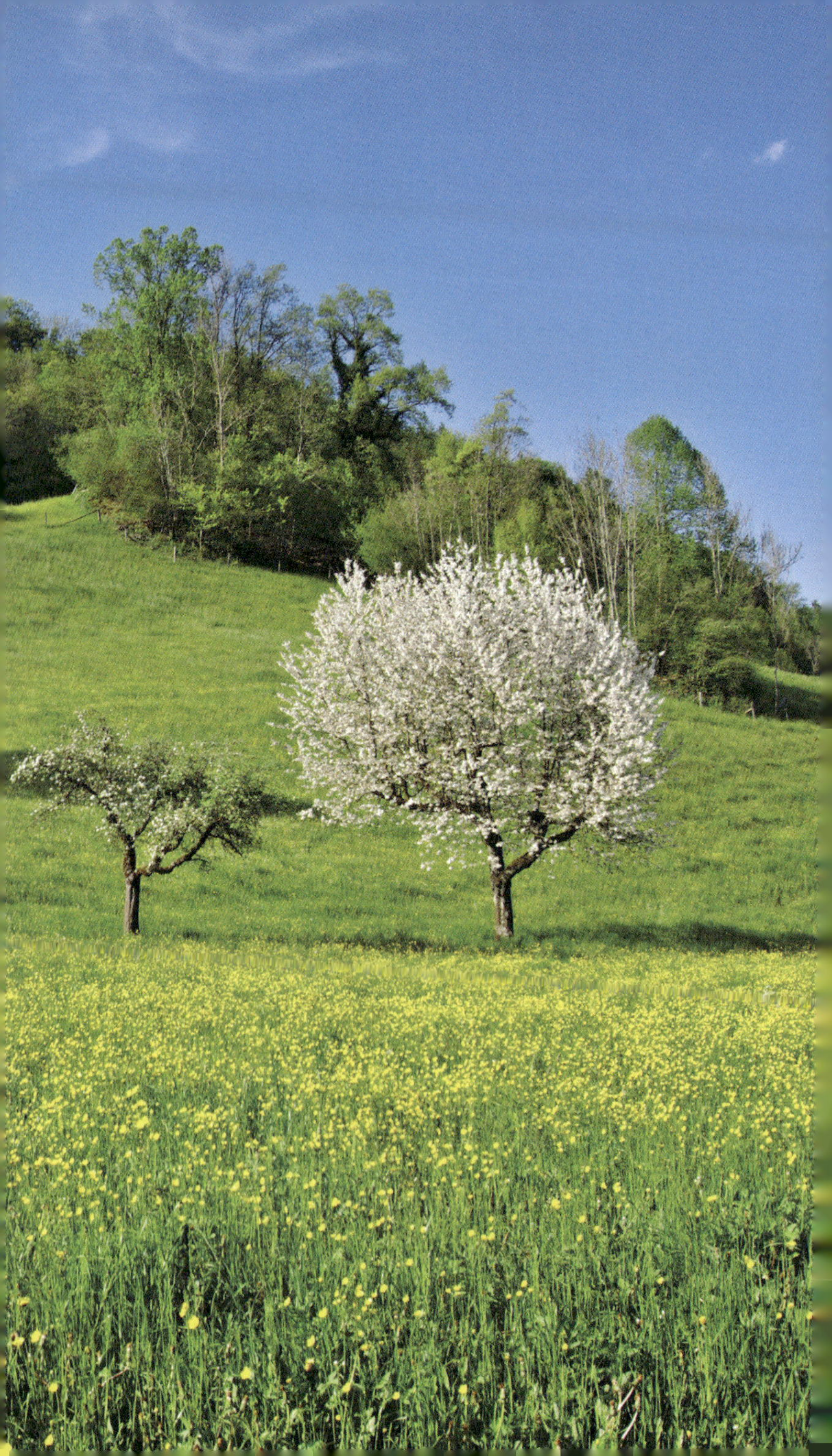

Tag 8

Konntest du dich gestern gut zentrieren?

Findest du es auch so schön, zu fühlen, wie du plötzlich wieder bei dir selber und in deiner eigenen Energie bist? Hast du erkannt, wie sich alles im Aussen zu fügen scheint, in dem Augenblick, in dem du dich bewusst entscheidest, das Zentrum deiner Galaxie zu sein? Dieses Bild verschafft dir eine unbeschreibliche Kraft, nutze es.

Heute wollen wir nun daran arbeiten, dass du als Zentrum der Galaxie in all deiner Kraft leuchten kannst.

DIE AFFIRMATION FÜR DEN 8. TAG IST:

Ich bin lichtvoll

Sprich es jetzt laut aus: Ich bin lichtvoll. Ich bin lichtvoll. Ich bin lichtvoll.

Was fühlst du? Was passiert mit dir, wenn du diese machtvollen Worte laut aussprichst? Kannst du fühlen, wie sich jede Zelle deines Körpers mit Licht füllt und anfängt zu leuchten?

Du bist ein lichtvolles, göttliches Wesen. In jedem Lebewesen ist eine göttliche Flamme und diese Flamme strahlt in ihrem göttlichen Licht.

Deine Aufgabe ist es, genau dieses lichtvolle Wesen zu sein. Ich benutze dafür gerne das Wort Lichtarbeiter, denn wenn man sich für diesen Weg entscheidet, dann arbeitet man intensiv. An sich selber und seinen eigenen Programmen und Verletzungen genauso, wie daran, das Licht auf der Erde zu manifestieren.

Die geistige Welt braucht uns Lichtarbeiter dringend. Sie braucht diese starken, machtvollen und unbezähmbaren Wesen, die das göttliche Licht jederzeit auf die Erde bringen. Ganz egal, wie schwierig es im Aussen gerade ist.

Ich weiss, dass diese Aufgabe uns oft an unsere Grenzen bringt und wir uns manchmal hinterfragen, ob dies wirklich der richtige Weg ist. Indem du dich entscheidest, ein Lichtarbeiter zu sein, entscheidest du dich auch, dass du reflektiv bist. Du gibst nicht einfach "die Andern" an den Umständen in deinem Leben Schuld, sondern du weisst, dass ALLES etwas mit dir zu tun hat. Und du wagst es, das Licht auch auf die dunklen Flecken in deinem Leben zu richten. Du wagst es, auch unter deinem seelischen Teppich zu kehren und diejenigen Themen anzuschauen, wovon sich viele andere Menschen lieber einfach wegdrehen.

Doch in dir ist das innere Wissen, dass du auf deiner Reise niemals alleine bist. Du bist unterstützt von geistigen Wesen, die dich liebevoll begleiten und die jederzeit an dich und deinen Erfolg glauben. Sie können zwar dein Leben nicht für dich leben, denn das ist nicht ihre Aufgabe, aber sie können dir Wege zeigen, die es dir einfacher machen, lichtvoll zu sein und dein Licht jeden Tag heller leuchten zu lassen.

Und somit kannst du ein Wesen sein, dass unbezähmbar lichtvoll ist.

ÜBUNG DES TAGES:
Achte dich heute darauf, dein Licht so hell leuchten zu lassen, wie es für dich gerade noch angenehm ist. Wage dich heute, deine Umgebung mit deinem hellen Licht zu blenden und wage es, dieses Licht auch an Stellen zu richten, die jetzt noch in der Dunkelheit liegen.

Und dann schreibe dir genau auf, was du heute erlebst und wie dein Umfeld auf dein helles Licht reagiert hat. Sind viele Leute zu dir gekommen, wie die Motten, die nach dem Licht suchen? Oder hast du vielleicht sogar einen Konflikt ausgelöst, weil du auf ein Problem hingewiesen hast, über das schon viel zu lange geschwiegen wurde?

Wie fühlt es sich an für dich, wenn du dich entscheidest, unbezähmbar lichtvoll zu sein? Kannst du fühlen, dass du damit deiner wahren Essenz näher kommst?

Meine Erfahrungen heute:

_____

_____

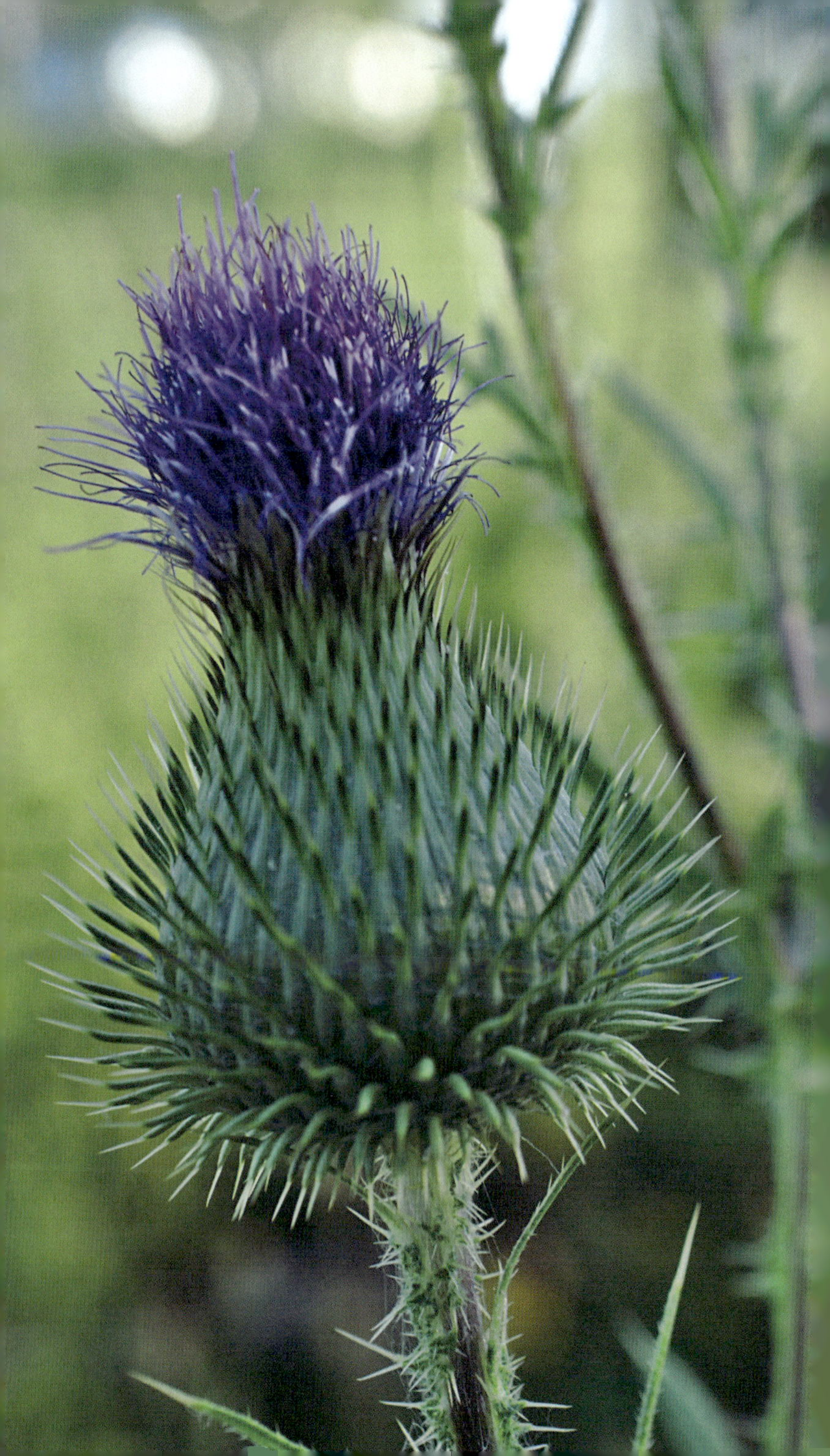

Tag 9

Warst du gestern unbezähmbar lichtvoll? Konntest du wahrnehmen, wie du dadurch in deine Kraft und zu deiner Seelenessenz gekommen bist?

Wir haben gestern schon über die Fähigkeit zu reflektieren gesprochen und heute ist genau das unser Thema.

DIE AFFIRMATION FÜR DEN 9. TAG IST:

Ich bin reflektiv

Wieso ist es sooooo wichtig, reflektiv zu sein?

Die Fähigkeit, sich selber, sein Leben, seine Handlungen und vor allem seine Gedanken zu reflektieren gehört zum Seelenwachstum dazu. Eine erwachte Seele ist nicht länger bereit, das Opfer in ihrem eigenen Leben zu sein.

Wie oft höre ich Menschen, die mir erzählen, dass diese Situation oder jener Mensch "SCHULD" daran ist, dass man sich nicht weiterentwickeln kann, oder dass man unglücklich, single, dick oder traurig ist.

Vielleicht ist es so, dass dieser Mensch dich dabei unterstützt hat, in diese bestimmte Situation zu kommen oder dieses bestimmte Muster in deinem Leben zu erlernen. Aber das alles geht nur, weil du es zulässt. Vielleicht gehört genau diese Erfahrung zu deinem Erwachungsprozess und so schwer sie auch war, eigentlich solltest du dankbar dafür sein.

Wenn du zulässt, dass ein Mensch, eine Situation, deine Kindheit, deine Ex-Partner oder die Mondfinsternis während deiner Geburt, daran schuld ist, dass dein Leben heute schiefläuft, dann bist du ständig in der Opferhaltung. Du bist ständig ein Opfer deiner Umstände und du kannst immer nur RE-agieren und niemals wirklich handeln.

Wie sollst du denn ein Opfer lieben, dass ständig allen andern die Schuld an den Schwierigkeiten im eigenen Leben gibt?

Ich weiss, dass diese Aufgabe heute besonders hart ist, denn wir alle lieben es, uns selber als Opfer der Umstände zu sehen. So lange wir ein Opfer sind, müssen wir uns nämlich nicht bewegen. Wir können in unserem kleinen, sicheren Gärtchen sitzen bleiben und weiterhin zuschauen, wie das Leben an uns vorüberzieht.

In dem Moment, in dem wir uns allerdings entscheiden, unseren Seelenprozess bewusst und achtsam zu gehen, klappt es mit dem Opfer-Sein nicht mehr. Wir sind aufgefordert, die wahre Meisterschaft über unser Leben zu übernehmen, denn nur so können wir uns wahrhaftig weiterentwickeln.

In dem du beginnst, dich jederzeit zu reflektieren — ganz besonders in dem Moment, in dem du laut oder leise zu dir sagst: ER/SIE/ES ist schuld daran — wirst du lernen, dich selber in wahrer Selbstliebe anzunehmen.

So lange immer alle andern "daran schuld" sind, schaust du von dir selber immer nur eine Maske an. In dem Moment in dem du in die total Selbst-Verantwortung gehst, erkennst du deine Essenz und dein wahres Ich und kannst anfangen, dich selber zu lieben.

Und nur indem du deine Essenz erkennst, erkennst du, dass dein Kern aus bedingungsloser, annehmender Liebe besteht.

ÜBUNG DES TAGES:
Überlege dir ganz ehrlich und ganz genau, wo in deinem Leben du ein Opfer bist. Und dann überlege dir, wieso du glaubst, dass du ein Opfer bist.

Sobald du das herausgefunden hast, möchte ich, dass du dir darüber klar wirst, was du aus der Opfer-Situation gelernt hast und wieso genau du sie dir erschaffen hast.

Was ist dein Vorteil, ein Opfer zu sein? Woran musst du nicht arbeiten, weil du dich entschieden hast, lieber ein Opfer zu sein, als in die Tatkraft zu kommen.

Und nun möchte ich, dass du dir versprichst, nicht mehr dieses Opfer zu sein. Ich möchte, dass du mit dir abmachst, jederzeit zu reflektieren, wieso du in dieser Situation nicht in die Kraft und die Bewegung kommst und dann etwas daran änderst.

Ich möchte, dass du dein Seelenlicht und deine Essenz erkennst und erkennst, was für ein grossartiges göttliches Wesen du bist und dass du jetzt aus deinem sicheren Gärtchen kommen und dich in dein wunderbares Leben stürzen darfst.

In dieser Situation fühle ich mich als Opfer:

_____

_____

_____

_____

Das war bisher der Vorteil, ein Opfer zu sein:

_____

_____

_____

_____

TAG 9

Das ist der Grund, warum ich jetzt kein Opfer mehr sein möchte:

_____

_____

_____

_____

_____

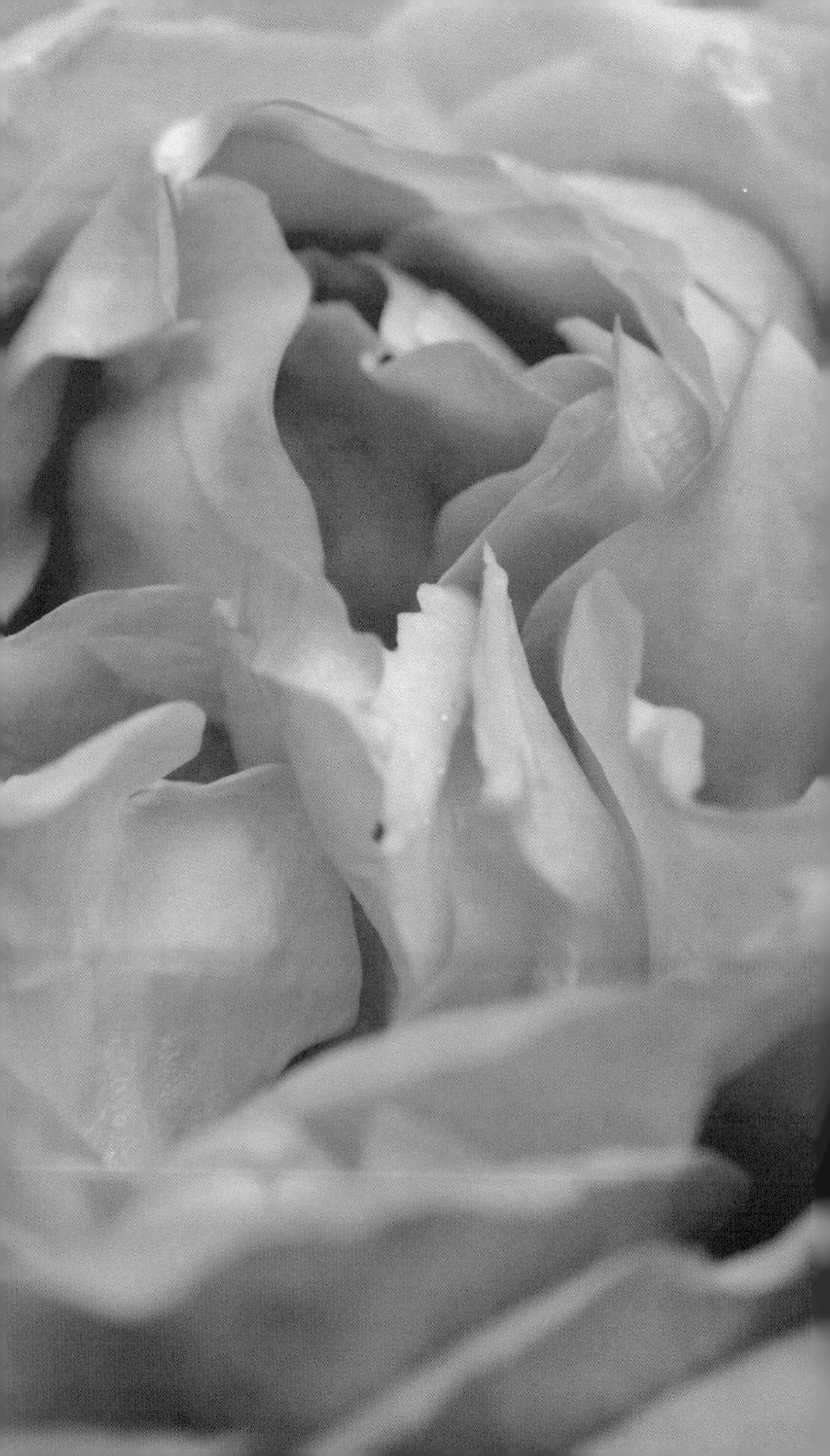

Tag 10

Wo hast du gesehen, dass du noch reflektiver sein darfst und wo bist du es bereits?

Gestern hattest du eine grosse Aufgabe und heute darfst du dafür dankbar sein. Denn....

DIE AFFIRMATION FÜR DEN 10. TAG IST:

Ich bin dankbar

Du bist schon seit 10 Tagen an der Arbeit mit diesem Buch und du hast dabei schon so viel erlebt. Du hast mutig deinen Fokus gesetzt und gehst deinen Weg in die radikale Selbst-Liebe.

Heute geht es darum, dass du dankbar bist für alles, was du bist, was du hast und was du bereits geschafft hast!

Dankbarkeit ist eines der stärksten Instrumente, die uns auf dem Weg in die Selbst-Liebe und die Eigen-Ermächtigung zur Verfügung stehen. Indem du dankbar bist für eine Gabe oder ein Geschenk in deinem Leben, ziehst du automatisch mehr davon an.

Wenn du dankbar bist über die 10 Euro in deiner Geldbörse, dann wirst du mehr davon anziehen. Wenn du aber denkst, dass das viel zu wenig ist und Geld eh blöd ist, dann wirst du davon auch nicht mehr anziehen.

Wenn du dankbar bist für deine Freunde, dann wirst du mehr anziehen.

Dankbarkeit ist ein Instrument, dass du niemals unterschätzen solltest, denn es hilft dir, das in deinem Leben anzuziehen, was du gerne möchtest.

ÜBUNG DES TAGES:
Du hast dir für die Arbeit mit diesem Buch vor einigen Tagen ein Ziel gesetzt, dass du erreichen möchtest. Am 2. Tag, als du mutig warst. Du kannst, wenn du möchtest, zurückblättern und es nochmals nachlesen.

Denn ich möchte, dass du heute dieses Ziel nochmals anschaust und schaust, wie viel davon du schon erreicht hast. Und dann möchte ich, dass du dafür in die Dankbarkeit gehst. Dankbar für jeden Schritt, den du auf dem Weg zu deinem Ziel bereits erreichen konntest. Dankbar für das Ziel und vielleicht sogar dankbar für die Herausforderungen, die mit diesem Ziel zusammenhängen, denn dadurch lernst du dich noch besser kennen und du erkennst, wo du noch hinschauen darfst.

TAG 10

Von meinem Ziel habe ich schon dieses Teilziel erreicht:

_____

_____

_____

_____

Ich bin heute dankbar für:

_____

_____

_____

_____

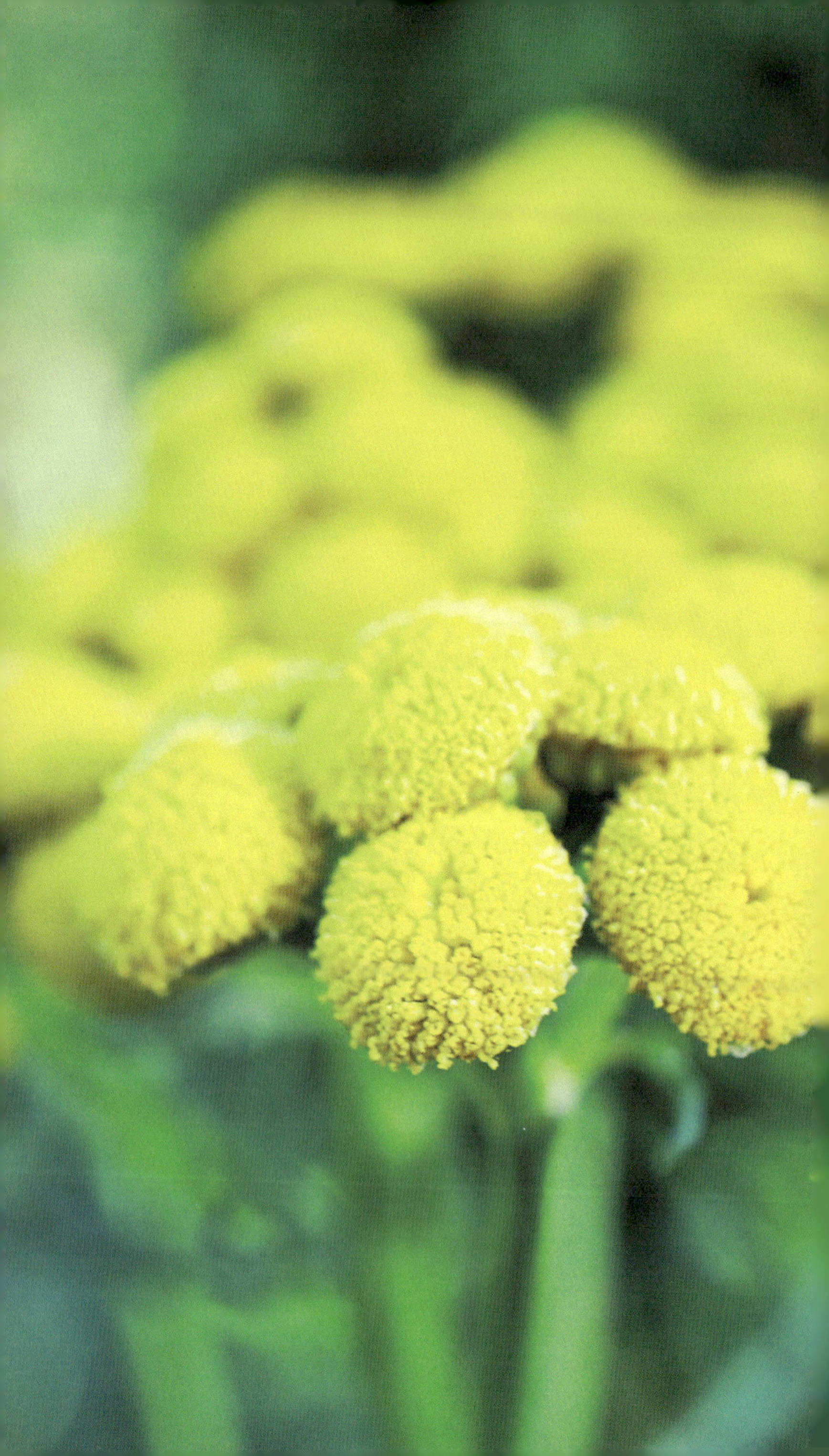

Tag 11

Wofür warst du gestern dankbar? Hast du bemerkt, wie leicht du dich fühlst, wenn du beginnst, dankbar zu sein?

DIE AFFIRMATION FÜR DEN 11. TAG IST:

Ich bin im hier und jetzt

Heute geht es um das Thema "hier und jetzt".

Kennst du die Situation, dass du mit deinen Gedanken ständig in der Vergangenheit bist und dich dafür ver- oder beurteilst, was du "damals" gemacht hast? Oder du machst dir ständig Sorgen um die Zukunft und ob das Geld, die Liebe oder die Gesundheit reichen können?

Für deine Selbstliebe und die spirituelle Entwicklung ist es unbeschreiblich wichtig, dich bewusst mit dem Augenblick, dem hier und jetzt, verbinden zu können.

Verstehe mich nicht falsch: Ich würde niemals sagen, dass das Hier und Jetzt das einzige Wichtige ist. Denn wenn ein Mensch keine Ideen und Wünsche für die Zukunft mehr hat, warum sollte sich das Leben dann lohnen? Man hat dann keine Passion mehr, keinen Ehrgeiz und keinen Fokus. Genauso ist es wichtig, dass wir aus unserer Vergangenheit lernen und daran wachsen.

Trotzdem ist es unbeschreiblich wichtig, auf die eigenen Gedanken zu achten und darauf, dass sie neutral und liebevoll sind. Das lernen wir, in dem wir uns auf das "Hier und Jetzt" konzentrieren.

Wenn du in die Meditation gehst, dann wirst du erkennen, dass alle Gedanken an die Zukunft oder die Vergangenheit sich störend auf die Meditation auswirken. Du wirst feststellen, dass du dich nur dann vollständig der Meditation hingeben kannst, wenn du im Augenblick bist.

Erst dann kannst du wirklich manifestieren und tatsächliche Veränderung in dir selber bewirken.

ÜBUNG DES TAGES:
Mache heute eine Meditation, in der du dich bewusst darauf konzentrierst, immer im Augenblick zu sein. Du kannst dich dafür auf deinen Atem konzentrieren oder sonst etwas, was für dich angenehm und stimmig ist.

Sobald du in der Meditation im Augenblick angekommen bist, möchte ich, dass du dich ganz bewusst in die Selbstliebe begibst. Nimm dich selber kraftvoll, liebevoll und wertefrei an und sei einfach liebevoll und freundlich dir gegenüber. Bewerte nicht. Verurteile nicht. Sei einfach in Liebe mit dir selber.

TAG 11

Achte dich darauf, was dies mit dir macht.

_____

_____

_____

_____

So habe ich mich nach der Meditation gefühlt:

_____

_____

_____

_____

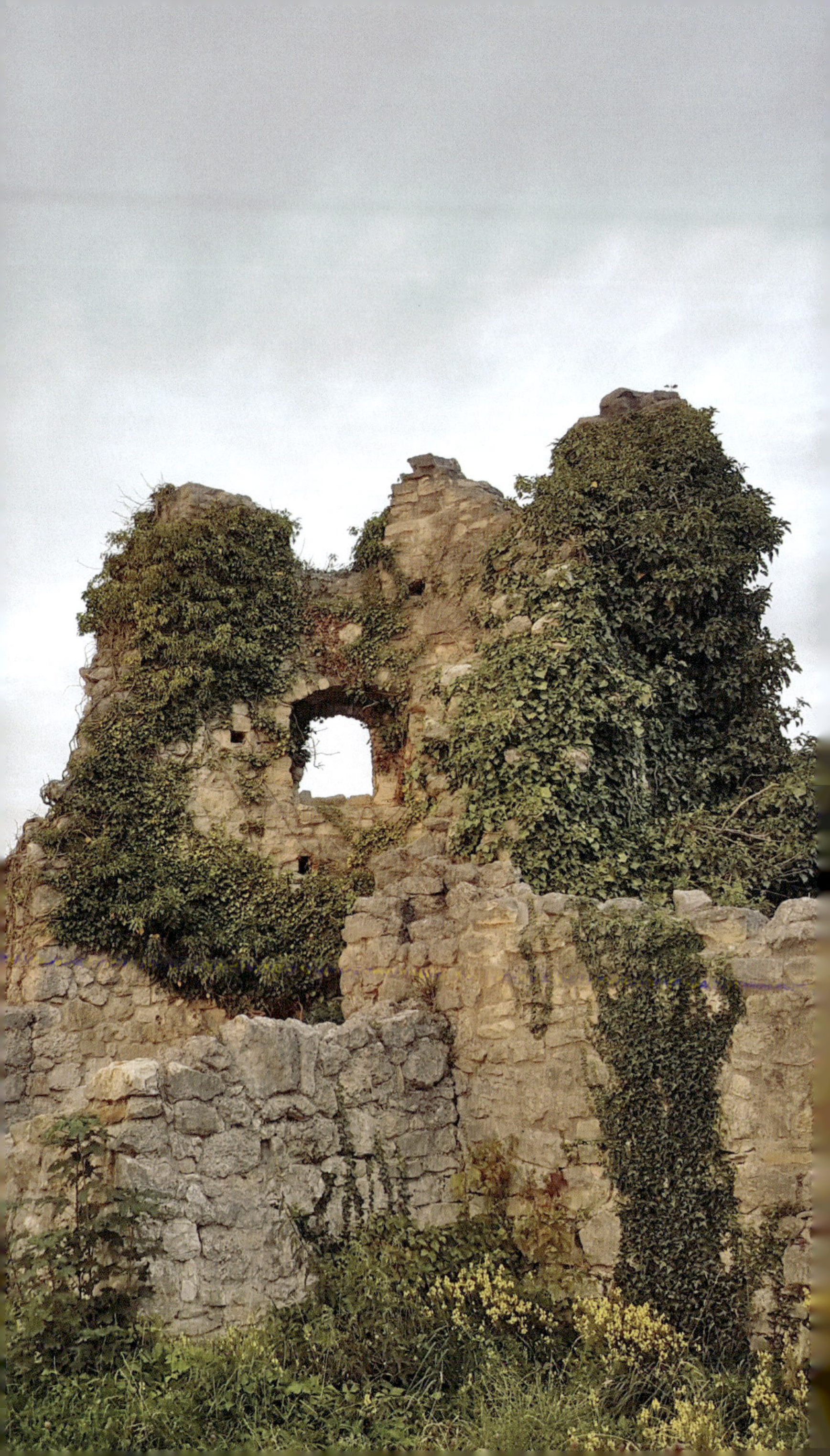

Tag 12

Wie hat sich deine Meditation gestern angefühlt? Hat es gut geklappt? Welche Schwierigkeiten sind dir begegnet?

Heute wollen wir uns anschauen, wo die Vergangenheit uns definiert und wieso es wichtig ist, mit ihr in die Harmonie zu kommen.

DIE AFFIRMATION FÜR DEN 12. TAG IST:

Ich bin im Frieden

Wir alle, jeder von uns, hat seine ganz eigene Vergangenheit, die er mit sich trägt. Diese Vergangenheit ist in erster Linie geprägt durch unser jetziges Leben und alles, was wir erlebt haben. Ob und wie viele Geschwister wir haben, macht uns genauso aus, wie die Liebe der Eltern, die wir erfahren oder nicht erfahren haben.

Neben diesen Erlebnissen und Erfahrungen kommt natürlich auch noch die Vergangenheit dazu, an die wir uns nicht so deutlich erinnern können. Erlebnisse und Erfahrungen aus vergangenen Leben, die genauso dazu beitragen, uns zu dem zu machen, was wir heute sind. Denn auch wenn du dich als menschliches Bewusstsein vielleicht nicht aktiv an deine vergangenen Leben erinnern kannst, ist das für deine Seele eine unumstössliche Tatsache.

Diese Vergangenheit — ob bewusst oder unbewusst — prägt uns und definiert sehr oft, wer und was wir heute sind. Wie dir gestern sicher aufgefallen ist, sind auch unsere Gedanken oft in der Vergangenheit und oft sind sie dabei nicht wohlwollend, sondern be- oder ver-urteilend.

Doch du kannst deine Vergangenheit nicht ändern. Du kannst nicht verändern, was dir mit 5, 14 oder 31 passiert ist. Und es nützt nichts, wenn du deswegen heute noch wütend, verletzt oder beleidigt bist.

Überlege dir folgendes: Wem schadest du, wenn du wütend darüber bist, dass deine Mitschüler vor 20 Jahren nicht freundlich zu dir waren? Wer leidet darunter, dass du deinen Eltern ihr Unvermögen nicht verzeihen kannst?

Was denkst du, kannst du dich in Selbstliebe annehmen, wenn du gleichzeitig im Kampf mit deiner Vergangenheit bist? Wenn du dich ständig als Opfer der Umstände siehst?

Ja, ich bin mir bewusst, in den Frieden zu kommen mit der Vergangenheit ist eine grosse Aufgabe. Eine sehr grosse Aufgabe. Vielleicht ist es für dich ein bewusster Entscheid. Vielleicht brauchst du Unterstützung dabei. Diese Hilfe könnte von einem Therapeuten kommen. Du könntest Rückführungen machen oder eine Psychotherapie. Wenn du fühlst, dass du mehr Unterstützung brauchst, dann ist jetzt der richtige Zeitpunkt, dir diese Hilfe zu besorgen.

Heute geht es darum, dass du dich bewusst entscheidest, mit deiner Vergangenheit in Frieden zu kommen. Friedvoll und liebevoll annehmen, was war. Damit nimmst du auch dich liebevoll an und du hörst auf damit, dir ständig vorzubeten, was du damals, Anno irgendwas, falsch gemacht hast.

ÜBUNG DES TAGES:
Gehe in dich und überlege, wo du noch nicht im Frieden mit dir und deiner Geschichte bist. Überlege dir, wieso du nicht im Frieden bist und was an der vergangenen Situation unstimmig ist für dich.

Und dann überlege dir, was du tun musst, um mit dieser Situation und den involvierten Menschen in den Frieden zu kommen. Was braucht es, damit du liebevoll und dankbar erkennen kannst, was deine Seele an der Situation lernen durfte? Und dann entscheide dich bewusst und achtsam, in den Frieden damit zu kommen.

Mit dieser Situation bin ich noch nicht im Frieden:

_____

_____

_____

Ich habe mich für folgende Lösung entschieden, um in den Frieden zu kommen mit dieser Situation:

_____

_____

_____

_____

_____

_____

_____

_____

_____

Notizen:

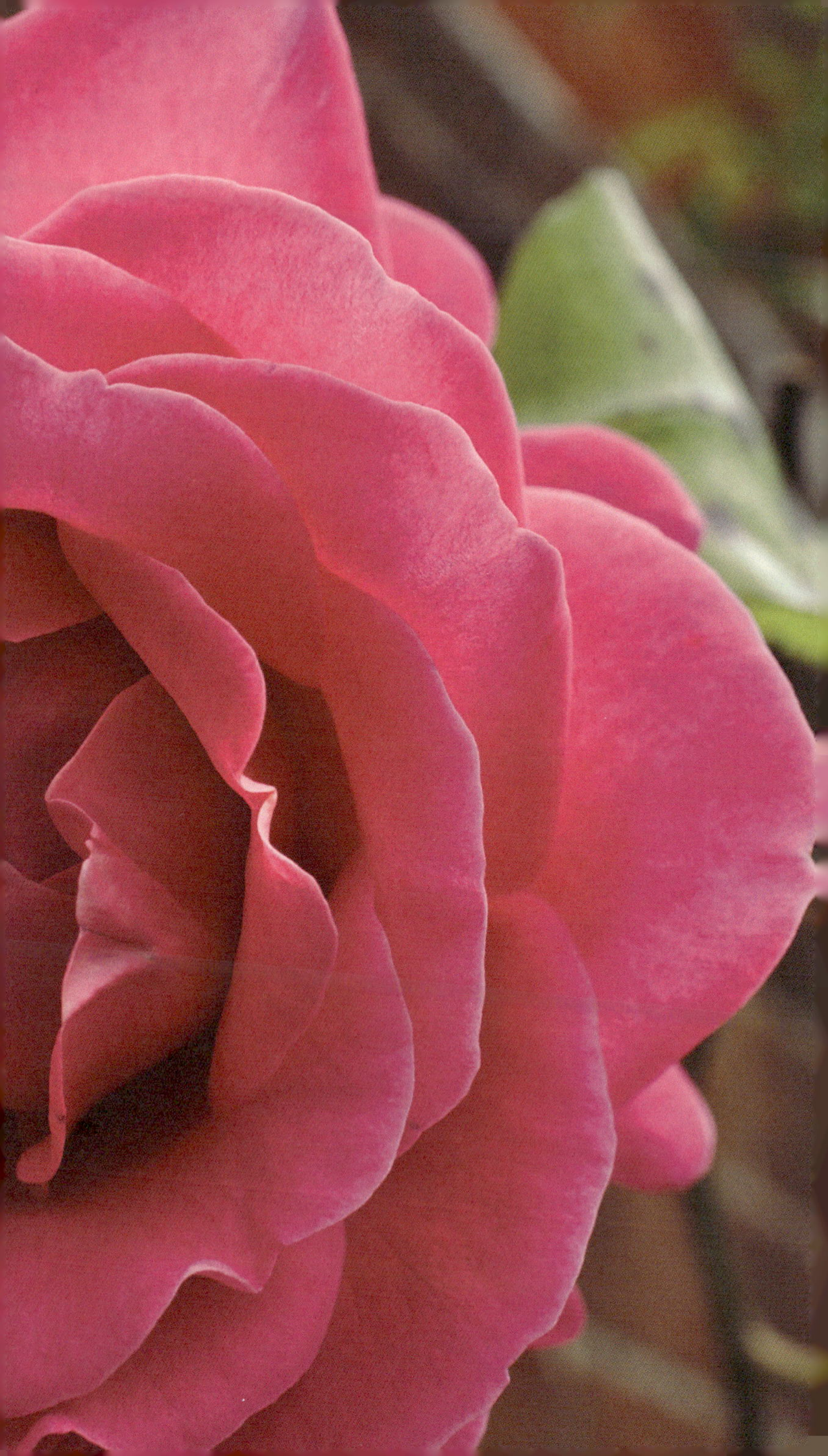

Tag 13

Wie fühlst du dich heute? Was für ein Gefühl ist es, dich mit deiner Vergangenheit zu versöhnen und sie so anzunehmen, wie sie sich zeigt?

DIE AFFIRMATION FÜR DEN 13. TAG IST:

Ich bin entschlossen

Du hast schon richtig viel gearbeitet in den letzten Tagen. Hast du das Gefühl, dass du das eine oder andere Mal an deine Grenzen gestossen bist?

Hast du vielleicht heimlich über deine Idee geflucht, dir dieses Buch zu besorgen? Hast du vielleicht die eine oder andere Aufgabe ausgelassen und vorerst verschoben?

Ich weiss, das Leben kommt uns oft dazwischen, wenn wir uns vornehmen, etwas für uns zu tun.

Heute geht es darum, dass du deiner Entschlossenheit noch einmal Ausdruck verleihst. Du hast dich für diese Arbeit entschieden, weil du an deiner Selbst-Liebe feilen wolltest und lernen willst, dich radikal selber anzunehmen und in Selbst-Liebe zu leben.

Darum hast du heute die Gelegenheit, dich noch einmal bewusst und intensiv dafür zu entscheiden, dich selber liebevoll anzunehmen. Du entschliesst dich dafür.

Du setzt ein erneutes Versprechen an dich selber und gestattest dir, dass du dir die Zeit und den Aufwand gönnst, dich selber in Licht und Liebe anzunehmen.

ÜBUNG DES TAGES:
Wo hast du in den letzten Tagen nachgelassen in deiner Arbeit an deiner Selbst-Liebe? Wo warst du faul oder inkonsequent? Wo hast du dir nicht die entsprechende Zeit genommen? Wieso hast du dir keine Zeit genommen? Wieso hast du nachgelassen? Hast du das Gefühl, dass es sich nicht lohnt? Oder dass du es nicht wert bist?

Reflektiere dich und entscheide heute, dass du dich wieder entschlossen und zielgerichtet daranmachst, deine Wünsche und Bedürfnisse zu erfüllen. Du hast es verdient, dass du diese Aufgabe ernst nimmst!

TAG 13

Ich habe mit der Arbeit an diesem Buch nachgelassen, weil…

Ich werde mich jetzt wieder voller Elan daranmachen, weil…

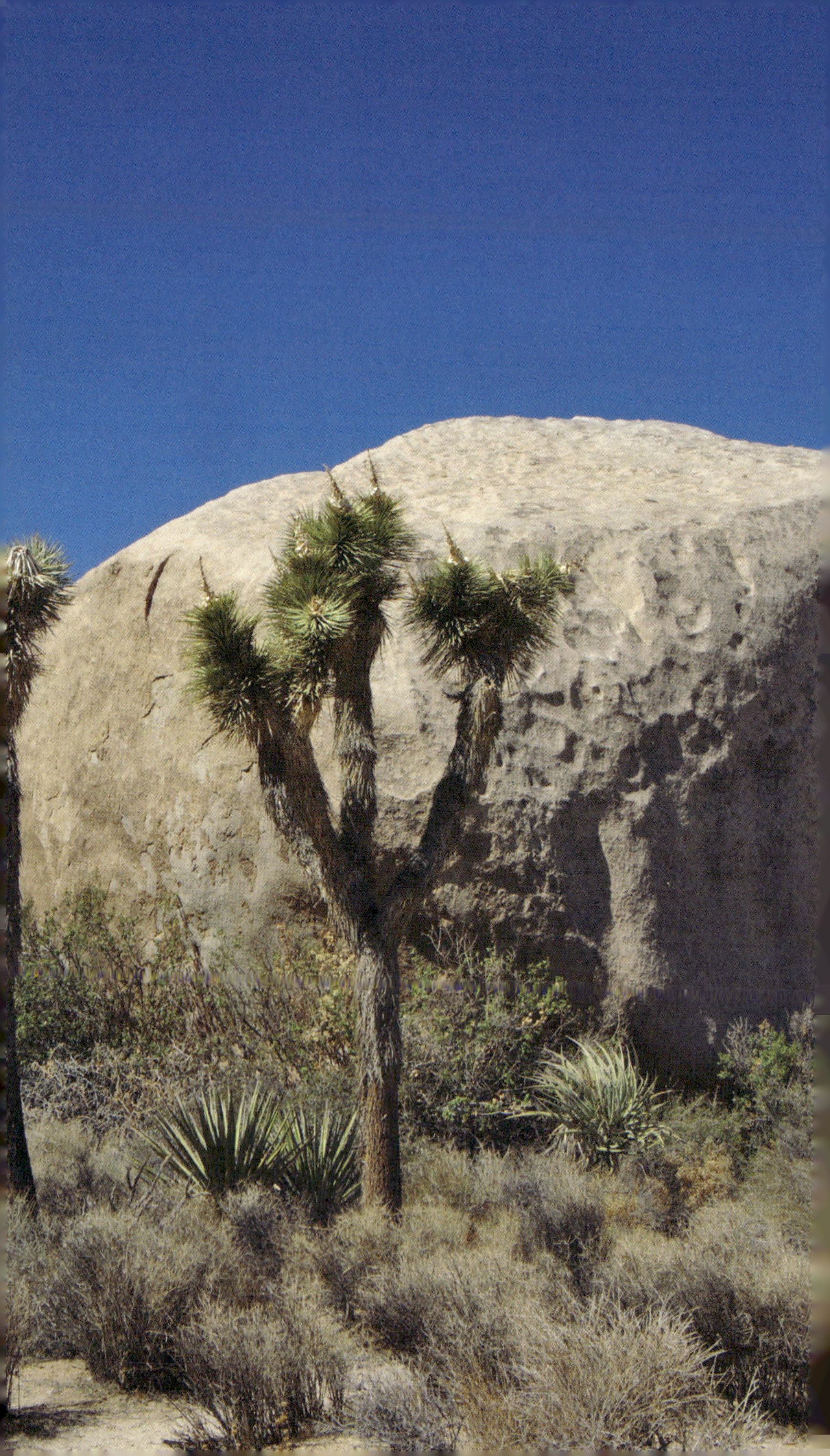

Tag 14

Hast du neuen Mut gewonnen für deine Arbeit mit diesem Buch?

War es für dich nötig, deine Entschlossenheit nochmals zu stärken gestern? Oder bist du mutig mit dabei?

Heute wollen wir uns mit dem Thema Mitgefühl auseinandersetzen.

DIE AFFIRMATION FÜR DEN 14. TAG IST:

Ich bin mitfühlend

Hast du dich gestern dabei ertappt, dass deine Passion für die Selbst-Liebe und für dich schon nachgelassen hat?

Hast du dich dabei ertappt, dass du wütend auf dich selber warst und schlechte Dinge über dich gedacht hast? Keine Angst, das passiert vielen von uns. Du bist nicht alleine damit.

Ich möchte dir etwas verraten. Du hast etwas Wichtiges entdeckt, wenn es dir gestern so ergangen ist. Du hast entdeckt, dass es für uns Lichtarbeiter oft viel schwieriger ist, uns selber zu loben und liebevoll mit uns umzugehen, anstatt uns zu beschimpfen und kritisch mit uns zu sein.

Um dich selber in wahrhaftiger Selbst-Liebe anzunehmen und jederzeit hinter dir zu stehen, brauchst du Mitgefühl. Du brauchst Mitgefühl mit dir selber.

Viele Menschen verwechseln Mitleid und Mitgefühl und haben den Eindruck, sich zu bemitleiden, wenn sie Mitgefühl mit sich selber haben. Das stimmt so nicht. Mitgefühl und Mitleid sind zwei sehr unterschiedliche Gefühle und das Eine hat mit dem Andern wenig zu tun. Wenn du dir die Worte anschaust, dann hat MitLEID das Wort LEIDEN in sich und MitGEFÜHL das Wort GEFÜHL. Was denkst du, ist besser für deine Seele? Was könnte hilfreicher sein für deine Seelenentwicklung?

In dem du dich selber mitfühlend betrachtest und annimmst, lernst du, dich selber liebevoll zu begleiten und dir liebevoll zu begegnen.

Wir alle machen Fehler. Das ist einer der Gründe, warum wir auf diese Welt gekommen sind. Wir sind manchmal ungeschickt, unüberlegt oder überstürzt. Aber auch wenn du dich — in deinen Augen — dumm benimmst, ist es trotzdem deine Aufgabe, liebevoll und mitfühlend mit dir zu sein, anstatt dich zu verurteilen für deine Taten.

Überlege dir immer, wieso du etwas getan hast. Wenn du es aus bestem Wissen und Gewissen gemacht hast, dann darfst du jederzeit ins Mitgefühl gehen.

Genauso ist es mit deinem Leben. Hast du schon mal überlegt, wie oft du dich in deinem Leben einsam gefühlt hast und den Eindruck hattest, deinen Weg komplett allein zu gehen? Wie schön wäre es, wenn du dafür Mitgefühl haben könntest. Wenn du dich in Liebe und Annahme begleiten würdest auf diesem Weg. Wenn du lernen könntest, dein eigener Fan zu werden und dich anzufeuern bei allem, was du machst.

Erst wenn du gelernt hast, dich selber mitfühlend anzunehmen, bist du auch in der Lage, deine Umwelt mit wahrem Mitgefühl anzunehmen. Erst dann bist du wirklich dazu bereit, die Menschen in deinem Umfeld zu unterstützen und zu begleiten.

ÜBUNG DES TAGES:
Schreibe dir auf, bei welchen Themen deines Lebens du dazu tendierst, in Selbstmitleid zu fallen. Und dann überlege dir ganz genau, was mit dir passieren würde, wenn du statt Selbstmitleid, Selbstmitgefühl haben könntest. Erkennst du, wie du dadurch in die Ermächtigung und in die Tatkraft kommst? Kannst du sehen, was du mit einer gesunden Portion Selbstmitgefühl alles erreichen kannst in deinem Leben? Was denkst du, was kannst du in deinem Umfeld verändern, wenn du mit dir selber mitfühlend umgehst?

Mache mit dir eine Abmachung, dass du dich jederzeit in Selbstmitgefühl annimmst und nicht mehr in Selbstmitleid. Und dann feiere die Befreiung, die du dadurch erreichst.

Bei diesen Themen verfalle ich in Selbstmitleid:

_____

_____

_____

_____

Statt in Selbstmitleid zu verfallen, entscheide ich mich für Selbstmitgefühl. Ich werde dies so umsetzen:

_____

_____

_____

_____

Notizen:

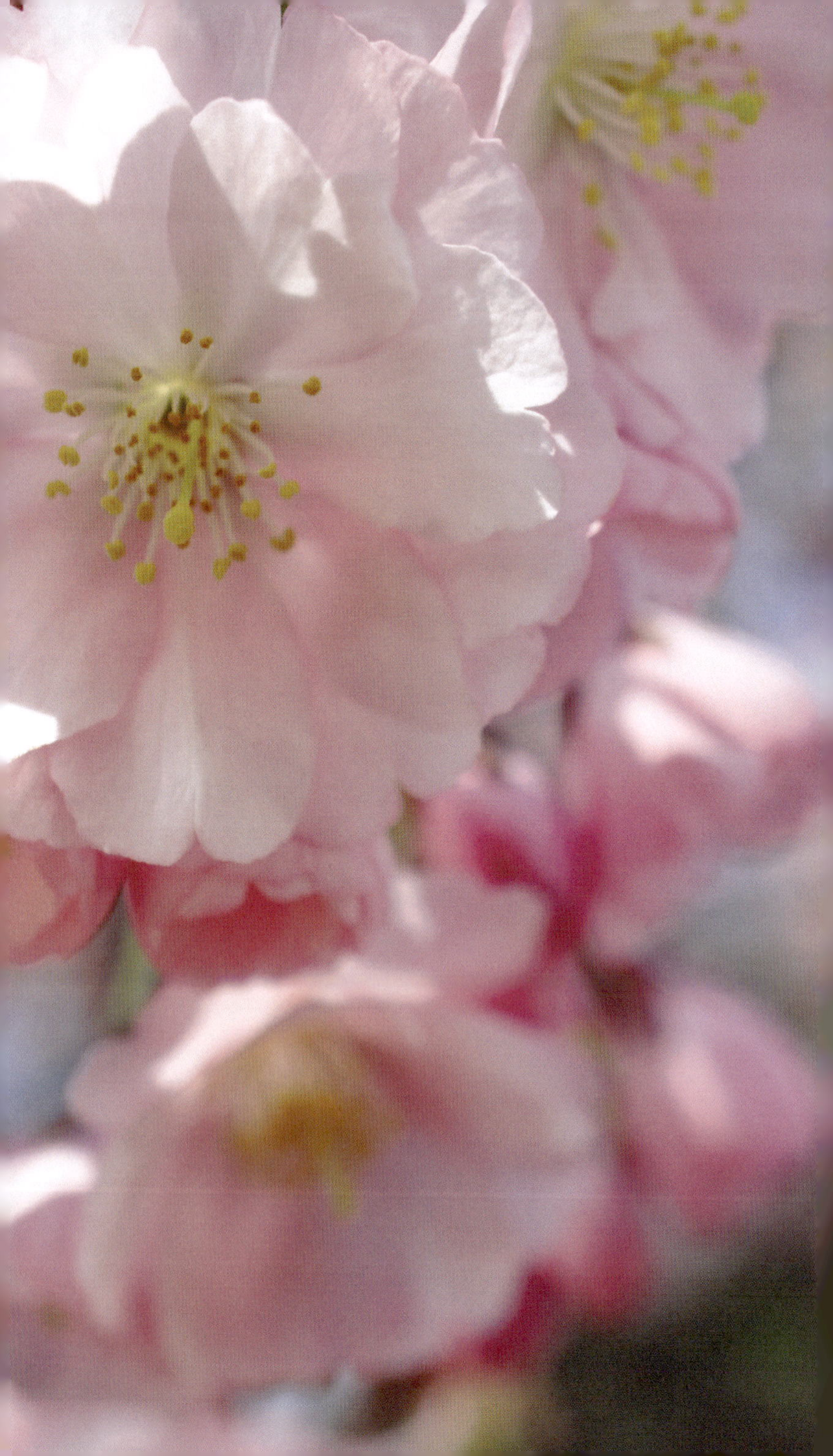

Tag 15

Welche Erkenntnisse konntest du gestern gewinnen? Bist du mit dir im Selbst-Mitgefühl? Oder ist es noch Selbst-Mitleid?

Wie fühlt es sich für dich an, jetzt, wo du dir den Unterschied nochmals bewusst gemacht hast? Kannst du wahrnehmen, wie du dir selber und deiner Essenz damit näher kommst?

Das bringt dich in deine Liebe und damit auch in deine Kraft.

DENN DIE AFFIRMATION FÜR DEN 15. TAG IST:

Ich bin kraftvoll

Ich bin kraftvoll! Ich bin kraftvoll.

Was bedeutet es für dich, kraftvoll zu sein? Verbindest du damit gute Gefühle oder hast du ein anstrengendes inneres Bild, dass dich dazu auffordert, immer und jederzeit stark sein zu müssen in deinem Leben?

Kraftvoll zu sein bedeutet nicht, sich niemals schwach zu fühlen oder anlehnen zu wollen. Es bedeutet, dass man sich seiner inneren Kraft bewusst ist. Jener Kraft, die ein ganzes Universum mit einem Wimpernschlag erschaffen kann. Die Kraft, die in der Lage ist, ein ganzes Leben auf den Kopf zu stellen und zu verändern.

Was ist es, dass du schon unendlich lange verändern möchtest in deinem Leben, um bedingungslos in die Liebe mit dir selber zu kommen?

Lass mich dir etwas verraten: Du hast genug innere Kraft und Stärke, um dies zu erreichen. Du bist ein unendliches, machtvolles Wesen und deine Kraft ist unermesslich! Egal, was dir in deinem Leben begegnet, du bist kraftvoll und du hast die Macht, alles zu verändern, was du verändern möchtest.

Kannst du diese Kraft im Moment nicht wahrnehmen? Zweifelst du daran, ob DU sie wirklich auch hast? Ja, du hast sie. Vielleicht bist du noch von Zweifeln und Ängsten getrieben. Aber die Kraft ist auf jeden Fall in dir vorhanden. Vielleicht hast du das Gefühl, dass die Umstände deines Lebens dich daran hindern, wirklich voran zu gehen. Aber sei da bitte ehrlich mit dir selber: Sind das vielleicht nur Ausreden, weil du Angst davor hast, was passieren könnte, wenn du in diese Veränderung gehst? Hast du vielleicht Respekt vor deiner eigenen Kraft, deiner eigenen Grösse und deinem eigenen hellen Licht?

Sei unbesorgt. Du kannst nicht mehr von etwas haben, als du zu tragen in der Lage bist. Und du hast immer und auf jeden Fall die Kraft, deinem Leben die Richtung vorzugeben, die für dich liebevoll, stimmig und harmonisch ist.

ÜBUNG DES TAGES:
Mache dir Gedanken darüber, wo du bereits in deiner Kraft bist und wo du noch kraftlos bist. Mache dir auch klar, WIESO du da noch kraftlos bist. Was ist es genau, dass dich daran hindert, in diese Kraft zu kommen?

Sind es alte Glaubenssätze, die dich zurückhalten? Hast du Angst vor der Veränderung? Zweifelst du daran, ob das wirklich DEIN Weg ist?

Schreibe dir nun ganz genau auf, was es noch braucht, damit du in die Kraft kommen kannst. Welche Instrumente brauchst du? Wartest du etwa darauf, dass irgendjemand dir den Startschuss gibt? Dann lass mich ihn dir jetzt geben. Achtung, fertig, los!

Du darfst ab sofort jederzeit kraftvoll deinen Weg gehen, deine Liebe leben und deine Weisheit ins Aussen tragen.

Halte dich nicht zurück, denn du hast genug Kraft, dies zu tun!

Bei diesem Thema bin ich noch nicht in meiner Kraft:

_____

_____

_____

_____

Bei diesem Thema bin ich in meiner Kraft:

_____

_____

_____

_____

Das will ich ändern, um in meine ganze Kraft zu kommen:

_____

_____

_____

_____

Notizen:

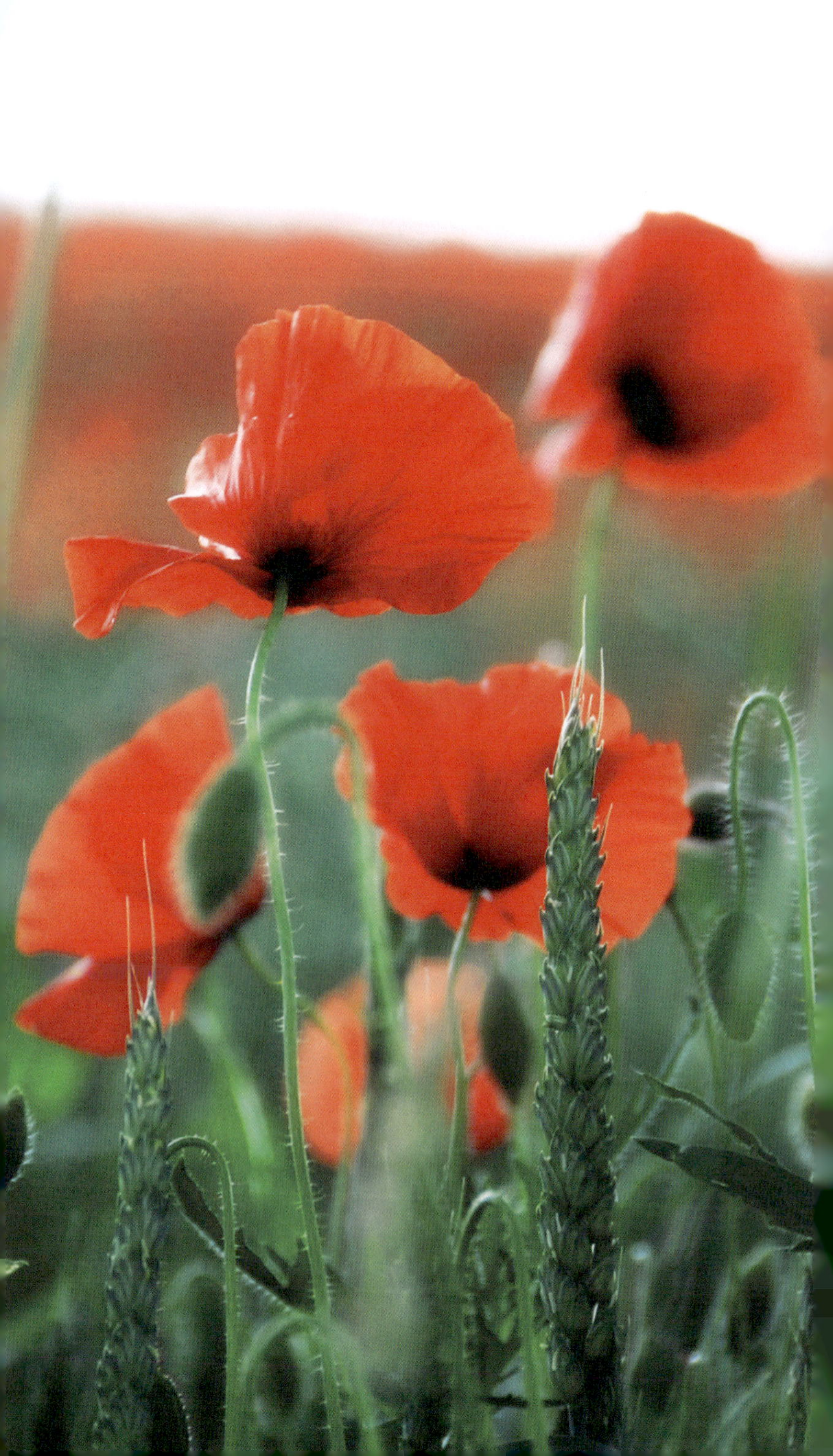

Tag 16

Erkennst du heute, wie hell du in all deiner Kraft leuchtest?
Wie liebevoll du mit dir selber umgehst, wenn du in deiner vollen Kraft bist?

Heute wollen wir uns anschauen, was es bedeutet, im Innen und im Aussen echt zu sein.

DIE AFFIRMATION FÜR DEN 16. TAG IST:
Ich bin authentisch

Was bedeutet es denn eigentlich, authentisch zu sein?

Es gibt viele Situationen in unserem Leben, in denen wir authentisch sind. Vielleicht im Umfeld mit den allerliebsten Menschen. Menschen, bei denen du dich eben nicht verstellen musst, sondern einfach du selber sein kannst und gerade deswegen geliebt wirst.

Ich möchte dich bitten, darüber nachzudenken, wie oft du in deinem Alltag denn wirklich authentisch bist? Wie oft erlebst du diese Situation des völligen Frei-Seins? Und wie oft trägst du eine Maske, hinter der du dich versteckst?

Authentisch sein bedeutet, dass du jederzeit zu dir selber stehen kannst. Es bedeutet, dass du dich selber auch dann liebst, wenn du in einem Raum voller Menschen bist, die dich gerne anders hätten, als so, wie du dich zeigst. Authentisch sein heisst, dass du jederzeit zu dir stehst.

Natürlich geht es dabei nicht darum, dass du ab sofort auf jede deiner Masken oder Rollen verzichten sollst. Es geht viel eher darum, dass du erkennst, wo und wann du eine Rolle spielst und wann nicht. Und es geht darum, dass du ganz langsam und sachte beginnst, diese Rollen so zu verändern, dass du jederzeit echt bist und deine wahre Essenz zeigst.

Indem du lernst, stolz auf dich zu sein, deine Essenz als das Göttliche zu erkennen, was sie ist und dich selber in dieser Göttlichkeit liebevoll anzunehmen, wirst du erkennen, dass Masken überflüssig werden. Es ist nicht mehr nötig, dich zu verstellen, sondern du kannst jederzeit die Version von dir sein, die leuchtet, die strahlt und die ihren Weg geht — ganz egal, ob die "Andern" das gut finden oder nicht.

ÜBUNG DES TAGES:
Werde dir deiner Rollen und Masken bewusst. Achte dich dafür heute ganz bewusst darauf, in welche Rollen und Masken du schlüpfst. Wann in deinem Alltag bist du wirklich du selber und wann passt du dich an? Wem erzählst du, was dich wirklich bewegt und wo hast du das Gefühl, dass

du das nicht erzählen kannst? Wenn du nun herausgefunden hast, wem du nicht erzählen kannst, was dich wirklich bewegt, möchte ich, dass du dir darüber klar wirst, wieso du das glaubst. Wieso kannst du es da nicht erzählen? Was könnte denn passieren, wenn du es erzählst?

Überlege dir: Gibt es Bereiche in deinem Leben, in denen du authentischer sein möchtest und kannst? Gibt es Menschen, denen du zutraust, dass sie dich in deinem ganzen, echten und ehrlichen ICH annehmen?

Was braucht es, damit du dich dahingehend verändern kannst, dass du in diesen Bereichen authentisch sein kannst? Was musst du an dir verändern?

Schreibe dir das ganz genau auf und entwickle eine Strategie, wie du vorgehen möchtest.

_____

_____

_____

_____

_____

_____

Hier bin ich noch nicht so authentisch, wie ich gerne sein möchte:

_____

_____

_____

_____

Das ist der Grund, warum ich in Zukunft authentischer sein werde:

_____

_____

_____

_____

Notizen:

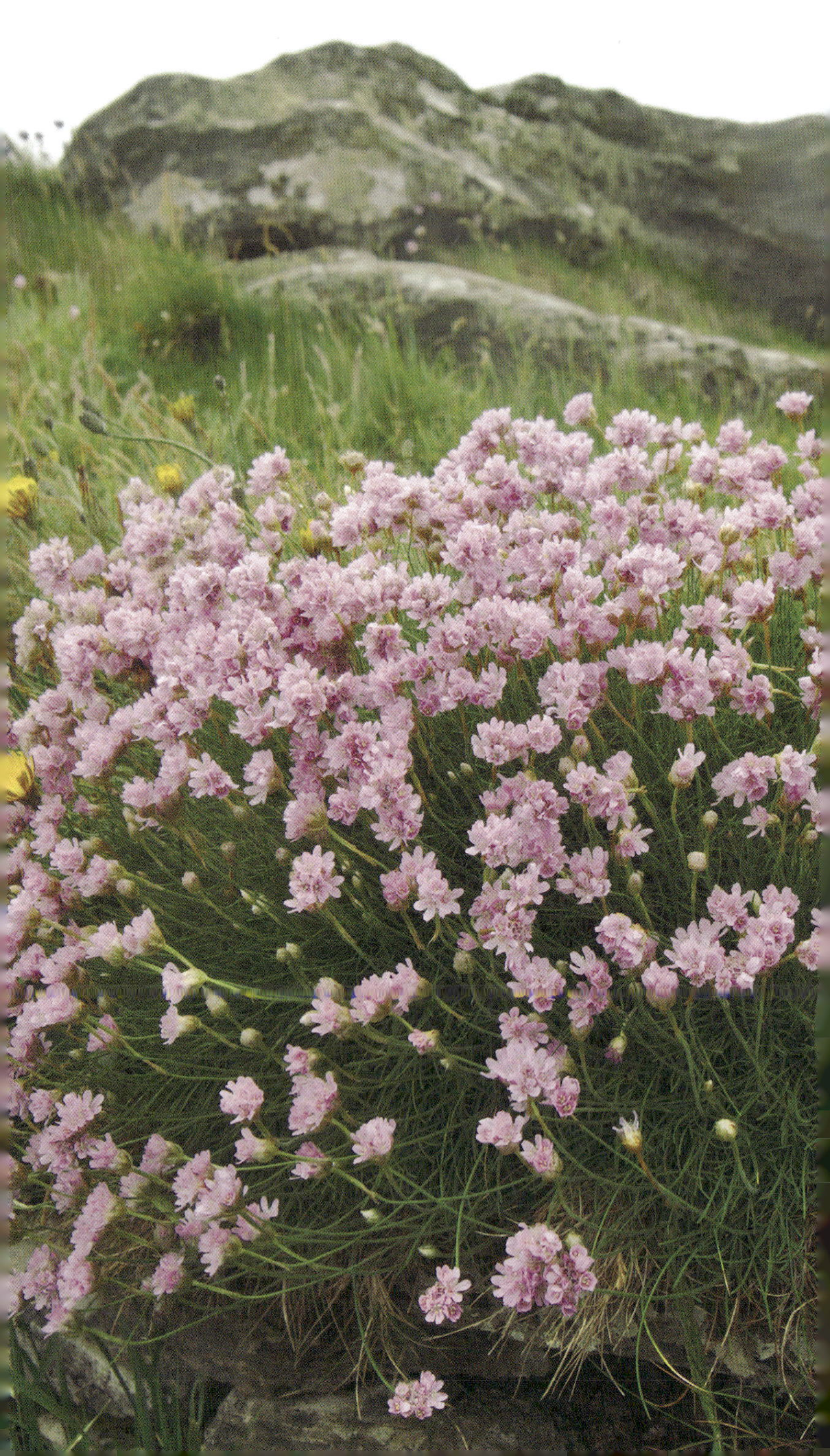

Tag 17

Was hast du für Strategien entwickelt, um in deinem Leben authentischer zu sein?

Wie fühlt es sich für dich an, mutig zu sein und dich wirklich so zu zeigen, wie du bist? Ich bin der Meinung, dass das ein wunderbares Gefühl ist. Und du?

Damit kommst du in deinem Leben so richtig in die Fülle. Und das wollen wir uns heute genauer anschauen.

DIE AFFIRMATION FÜR DEN 17. TAG IST:

Ich bin in der Fülle

Dieses "in der Fülle sein" — ein Thema, dass dir sicher schon öfter begegnet ist. Wahrscheinlich vor allem in Bezug auf Geld und Geldfluss.

Hast du dir überlegt, welche Arten von Fülle es in deinem Leben geben könnte? Vielleicht hast du eine wunderbare Familie und grossartige Freunde und bist in Bezug auf dein soziales Umfeld in Fülle?

Vielleicht ist dein Konto stets gut gefüllt und du bist in Bezug auf das Geld gut in Fülle?

Vielleicht bist du inspiriert und gut verbunden mit deinen Geistführern und damit gut in Fülle?

Wenn du dir überlegst, wo du überall in Fülle sein kannst, wirst du erkennen, wie voll dein Leben bereits heute ist. Wie erfüllt du oft bist in deinem Alltag und in deinem Sein.

Doch wie hast du es mit Fülle, wenn du in die Selbst-Liebe gehst? Bist du da auch erfüllt und voller Liebe? Oder zögerst du da plötzlich und findest die Fülle doch eher schwierig? Empfindest du vielleicht sogar eine gewisse Leere, wenn du an die Selbst-Liebe denkst?

Du kannst in allen Bereichen Fülle in dein Leben ziehen, in denen du möchtest. Stelle dir deine Selbst-Liebe wie ein Tank oder eine Badewanne vor, die du füllen kannst. Und nun stelle dir vor, wie du da unendlich viel Selbst-Liebe einfüllst, bis dieser Tank oder die Wanne einfach überläuft. Du kannst dich jederzeit in diese Wanne setzen und in der Selbst-Liebe baden.

Du musst es nur tun.

ÜBUNG DES TAGES:
Überlege dir, in welchen Bereichen deines Lebens du in der Fülle bist. Wie kommst du in diesen Bereichen in die Fülle? Was machst du, damit du die Fülle in den Bereichen leben kannst?

TAG 17

Nun entscheide dich, deinen Tank an Selbst-Liebe ebenfalls zu füllen. Du kannst dafür die gleichen Techniken benutzen, die du in den anderen Bereichen deines Lebens anwendest und deinen Tank ganz einfach auffüllen.

Wie fühlt es sich an, in einer Wanne voller Selbstliebe zu baden? Was ist das für ein Gefühl?

In diesen Bereichen bin ich bereits in der Fülle:

_____

_____

_____

_____

Diese Bereiche werde ich mit Fülle fluten, bis sie überlaufen:

_____

_____

_____

_____

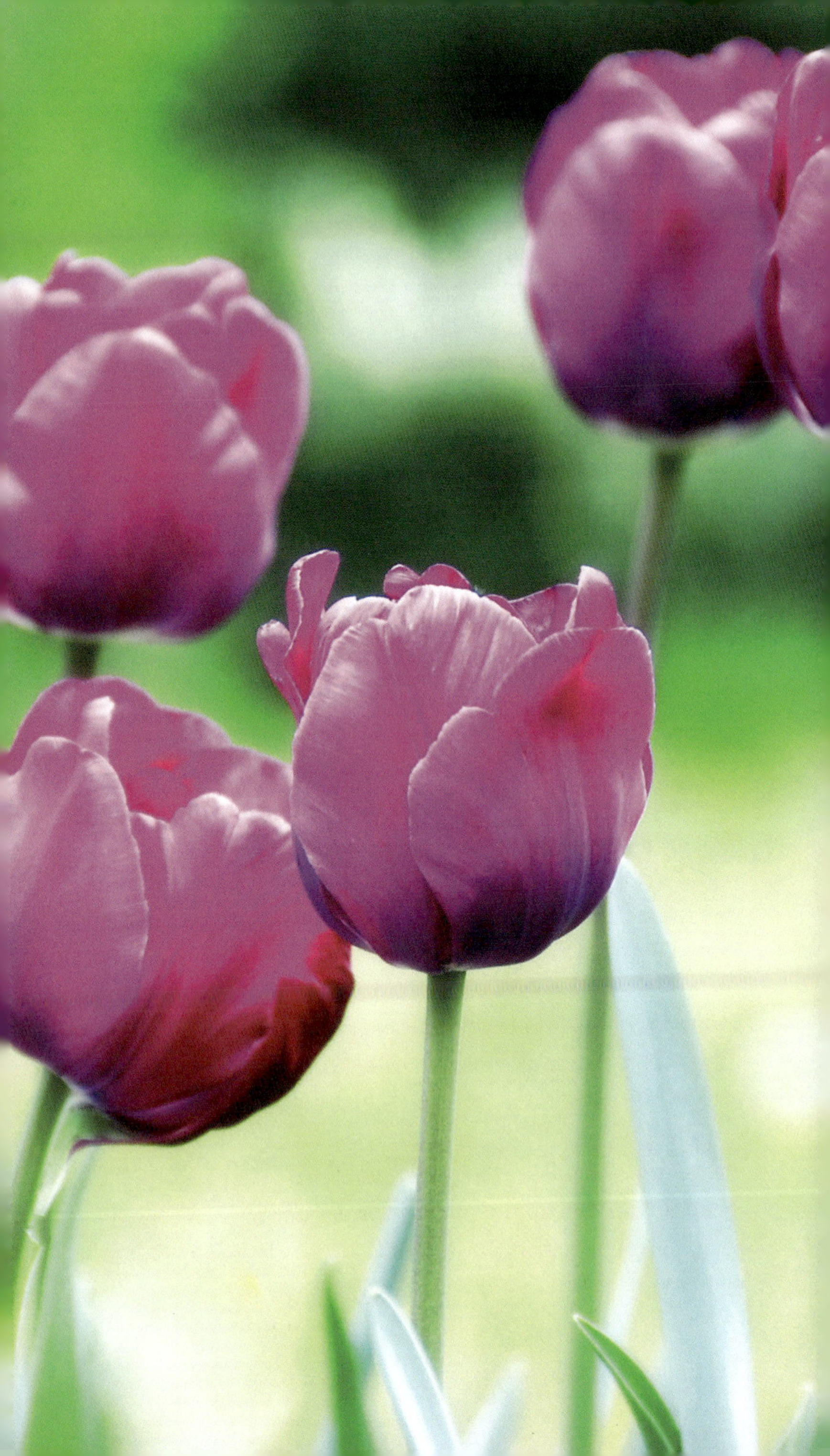

Tag 18

Wie hat es sich für dich angefühlt, in einer Wanne aus Selbst-Liebe zu baden?

DIE AFFIRMATION FÜR DEN 18. TAG IST:

Ich bin energiegeladen

Was für ein wunderbarer Gedanke, um in den Tag zu starten.

Was passiert mit dir, wenn du dir am Morgen als erstes sagst: Ich bin energiegeladen. Kannst du fühlen, wie du ganz anders in den Tag starten kannst, als wenn du denkst: oje, schon Zeit zum Aufstehen?

Was du dir selber sagst, hat unbeschreiblich viel Einfluss und viel Kraft und wenn du dich selber liebevoll annehmen willst, ist es wichtig, dass du dich darauf achtest, was du dir selber sagst und natürlich auch, wie du es dir sagst.

Wenn du dich innerlich wütend anbrüllst: "ICH BIN ENERGIEGELADEN!!!" dann hat das eine andere Auswirkung auf dein Unterbewusstsein, als wenn du dir fröhlich und liebevoll zusprichst: Ich bin energiegeladen und heute wird ein guter Tag.

Wieso ist es wichtig, energiegeladen zu sein? Wenn du in Liebe mit dir selber bist, dann bist du auch in der richtigen Energie. Nur wenn du nicht liebevoll mit dir selber umgehst, kannst du dich auslaugen und in die Erschöpfung kommen. Je liebevoller du mit dir selber bist, um so mehr Energie steht dir zur Verfügung. Denn deine Seele hat unendlich viel Energie. Deine Seele ist mit dem Universum verbunden und das Universum ist ein Quell der Energie. Je besser du mit deiner Seele verbunden bist, um so besser ist dein Energiefluss und umso mehr Energie steht dir für dein Leben und deine Ziele zur Verfügung.

Du kannst dich dann nicht erschöpfen, denn du nutzt nicht die Energie deines Körpers, sondern die universelle Energie und dadurch bist du selber jederzeit frisch und aufgeladen.

ÜBUNG DES TAGES:
Nimm dir Zeit für eine kurze Meditation. Fünf bis zehn Minuten reichen völlig aus. In dieser Meditation verbinde dich mit deiner Seele und der universellen Energie. Fühle, wie sich dein ganzer Körper mit jedem Atemzug mehr und mehr und mehr mit der universellen Energie verbindet und dadurch angefüllt wird.

Nimm diese Energie wahr und nimm wahr, wie du durch die universelle Energie deinen inneren Liebes-Tank immer weiter auffüllen kannst. In dem du dich mit universeller

Energie erfüllst, erfüllst du dich auch mit mehr und mehr und mehr Selbstliebe.

Geniesse dieses Gefühl so lange, wie es für dich stimmig ist.

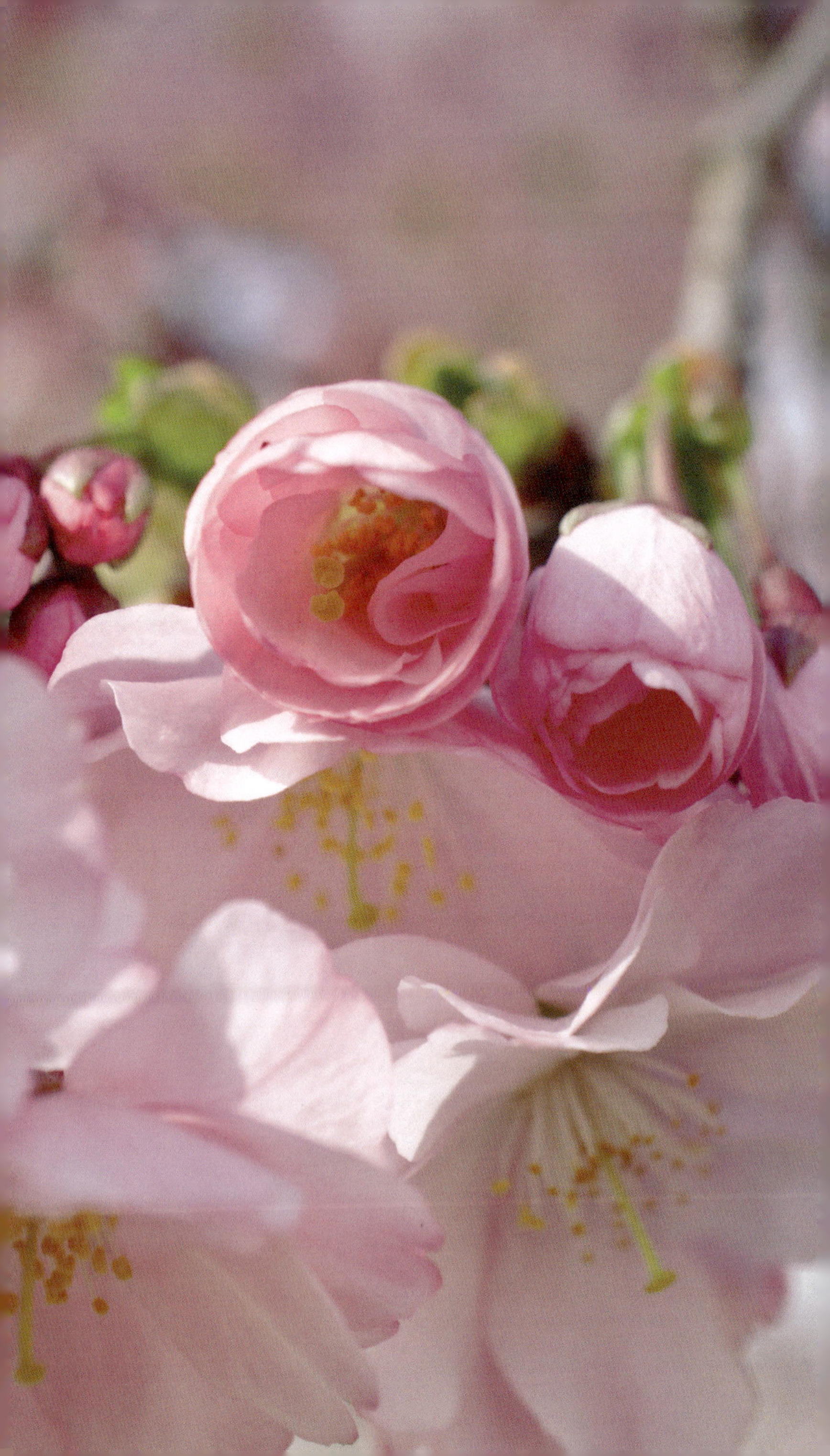

Tag 19

Hast du dich gestern energiegeladen gefühlt?

Was waren die ersten Worte, die du heute zu dir selber gesagt hast? Sag nicht, dass du schon wieder vergessen hast, was du dir vorgenommen hast.

DIE AFFIRMATION FÜR DEN 19. TAG IST:

Ich bin selbst-wirksam

Was ist denn das? Selbst-Wirksam?

Psychologische Forschungen erläutern den Begriff Selbstwirksamkeit mit einer Überzeugung, die wir in jedem Kopf finden können. Nämlich der Überzeugung, dass wir das, was wir gerade tun oder geplant haben, auch wirklich schaffen können. Unser Kopf fragt sich also ständig: Kann ich das schaffen und die Selbstwirksamkeit beantwortet diese Frage immer mit JA!

Ja, du schaffst das!

Wenn wir uns nun also überlegen, was das für unsere Entwicklung und das Erreichen unserer Ziele bedeutet, heisst das, dass unser Kopf und unsere Gedanken bestimmen, ob wir dieses Ziel erreichen werden oder nicht.

Wenn du an dich und deinen Erfolg glaubst, wirst du deine Ziele erreichen. Genau so, wie du sie nicht erreichen wirst, wenn du nicht an dich glaubst. Selbsterfüllende Prophezeiungen gehören genauso in diesen Bereich. Wenn du überzeugt bist, dass deine Beziehungen immer in Brüche gehen — dann MUSS deine Beziehung in Brüche gehen, denn es ist einfach nicht anders möglich. Dein ganzes Sein ist darauf ausgerichtet, Beziehungen in Brüche gehen zu lassen.

Ich fürchte, dass du sehr gut darin bist, dein Leben negativ zu manipulieren.

Wenn du nun aber lernen möchtest, wirklich selbst-wirksam zu werden, dann geht es nun darum, dass du bewusst anfängst, dein Leben positiv zu verändern. Du beginnst bewusst damit, an dich zu glauben! Du WEISST einfach, dass du dein Ziel erreichen wirst! Du bist überzeugt davon, dass du es schaffst.

Was wird passieren? Genau! Du wirst es schaffen! Denn in deinem Universum hat gar nichts anderes Platz, als das Erreichen deines Zieles. Du bist also tatsächlich selbst-wirksam.

ÜBUNG DES TAGES:

Wo in deinem Leben erkennst du Selbst-Wirksamkeit? Wo hast du schon selbsterfüllende Prophezeiungen erlebt?

Du hast dir ein Ziel gesetzt für die Arbeit mit diesem Buch. Wie steht es mit diesem Ziel? Bist du da selbst-wirksam? Falls nicht, überdenke deine Haltung und überlege dir, was du machen musst, um wahrhaftig an deine Ziele zu glauben und sie so auch umzusetzen.

Hier bin ich selbst-wirksam:

_____

_____

_____

_____

Hier bin ich noch nicht selbst-wirksam:

_____

_____

_____

_____

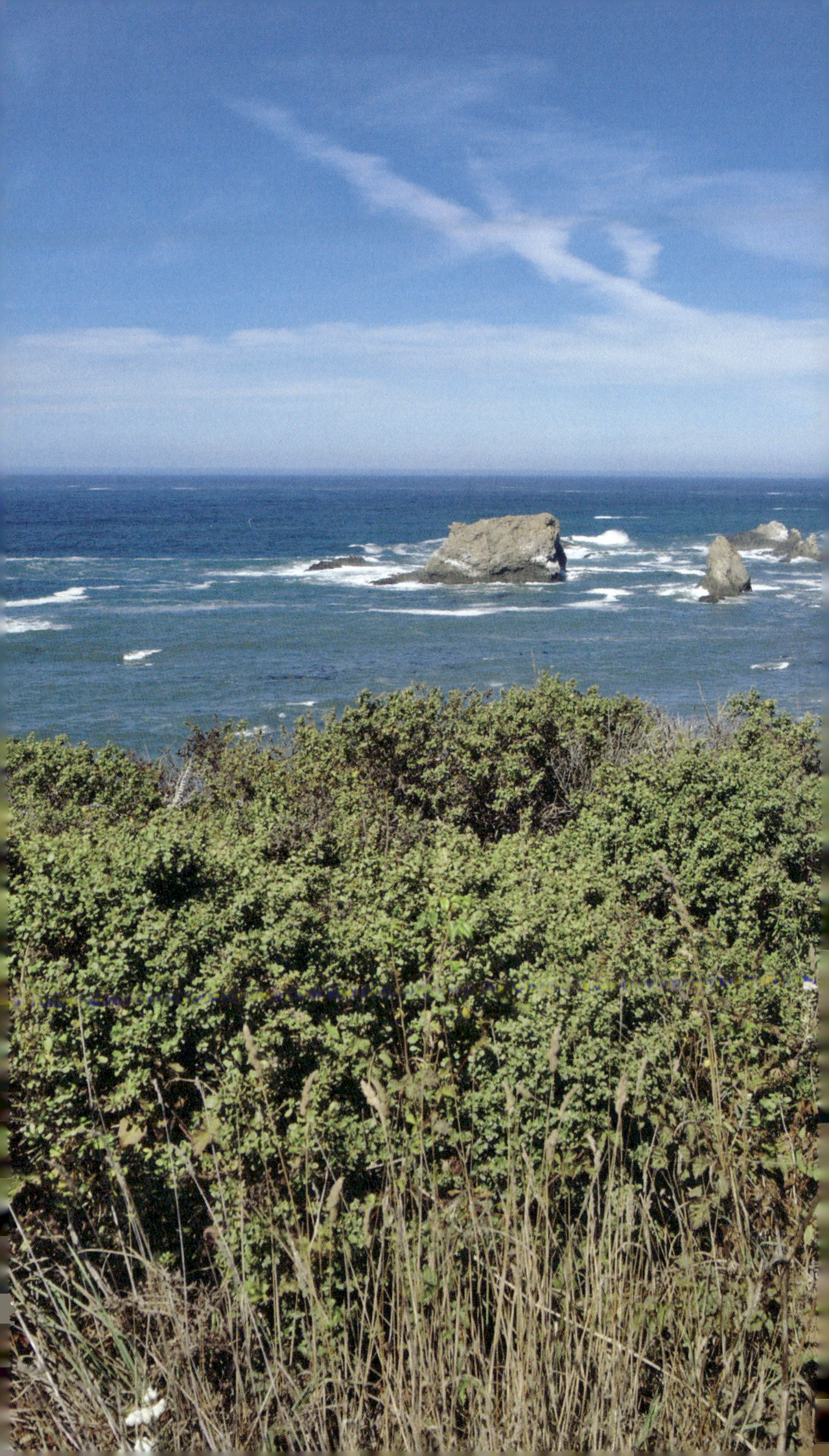

Tag 20

Welche Erkenntnisse konntest du treffen bezüglich deiner Selbst-Wirksamkeit?

Hast du deine Ziele und deine Ausrichtung überprüft und konntest du anpassen, was dafür nötig war?

Was denkst du, wird dich das glücklich machen?

DENN DIE AFFIRMATION FÜR DEN 20. TAG IST:

Ich bin glücklich

Es gibt eine Band die ein Lied singt mit ungefähr diesem Text: Irgendwann findet das Glück dich. Vielleicht bei einer Bahnstation oder irgendwo in einem Einkaufsladen.

Ich mag diese Band, sie hat viele schöne Lieder kreiert. Doch bei diesem Lied stehen mir sprichwörtlich die Haare zu Berge, wenn ich es höre. Denn Glück ist nicht etwas, was uns findet oder was uns in den Schoss fällt. Glück ist etwas, wofür wir uns aktiv und bewusst entscheiden.

Du. Ja genau du!

Du entscheidest dich, glücklich zu sein! Wenn du am Morgen aufstehst, kannst du entscheiden, ob du glücklich sein möchtest, oder ob du deinen Tag stumpf und traurig verbringen möchtest.

Ich erzähle und schreibe in meiner Praxis und in meinen Ausbildungen ganz oft von der Selbstverantwortung und davon, dass wir alle Schöpfergötter sind, die ihr eigenes Leben erschaffen. Genau so ist es mit dem Entscheid, glücklich zu sein.

Du entscheidest dich, glücklich zu sein und ein glückliches Leben zu führen. Kein Anderer. Und das Glück wird dich nicht zufällig finden, weil es gerade bei dir in der Gegend war und es ihm langweilig war.

Indem du dich entscheidest, dich selber in Liebe anzunehmen und liebevoll mit dir selber umzugehen, entscheidest du auch, dass du glücklich bist. Denn mit jedem Quäntchen Liebe, dass du in dein Leben ziehst, ziehst du automatisch auch Glück in dein Leben. Wenn du lernst, in dich selber verliebt zu sein, geht es nicht anders, als dass du auch glücklich wirst.

Natürlich lässt sich die Überlegung auch rückwärts machen. Je glücklicher du bist, um so liebevoller bist du auch mit dir selber.

ÜBUNG DES TAGES:

Mache dir Gedanken. Wartest du darauf, dass das Glück von Aussen zu dir kommt oder entscheidest du dich jederzeit selber dafür, glücklich zu sein?

Ist dein Glück von jemandem oder etwas abhängig?

Überlege dir, was du machen kannst, damit dein Glück ausschliesslich von dir abhängig ist. Entscheide dich heute bewusst, einen glücklichen Tag zu verbringen.

Mein Glück ist abhängig von:

_____

_____

_____

_____

Das ist mein Beitrag, damit ich jeden Tag glücklich bin:

_____

_____

_____

_____

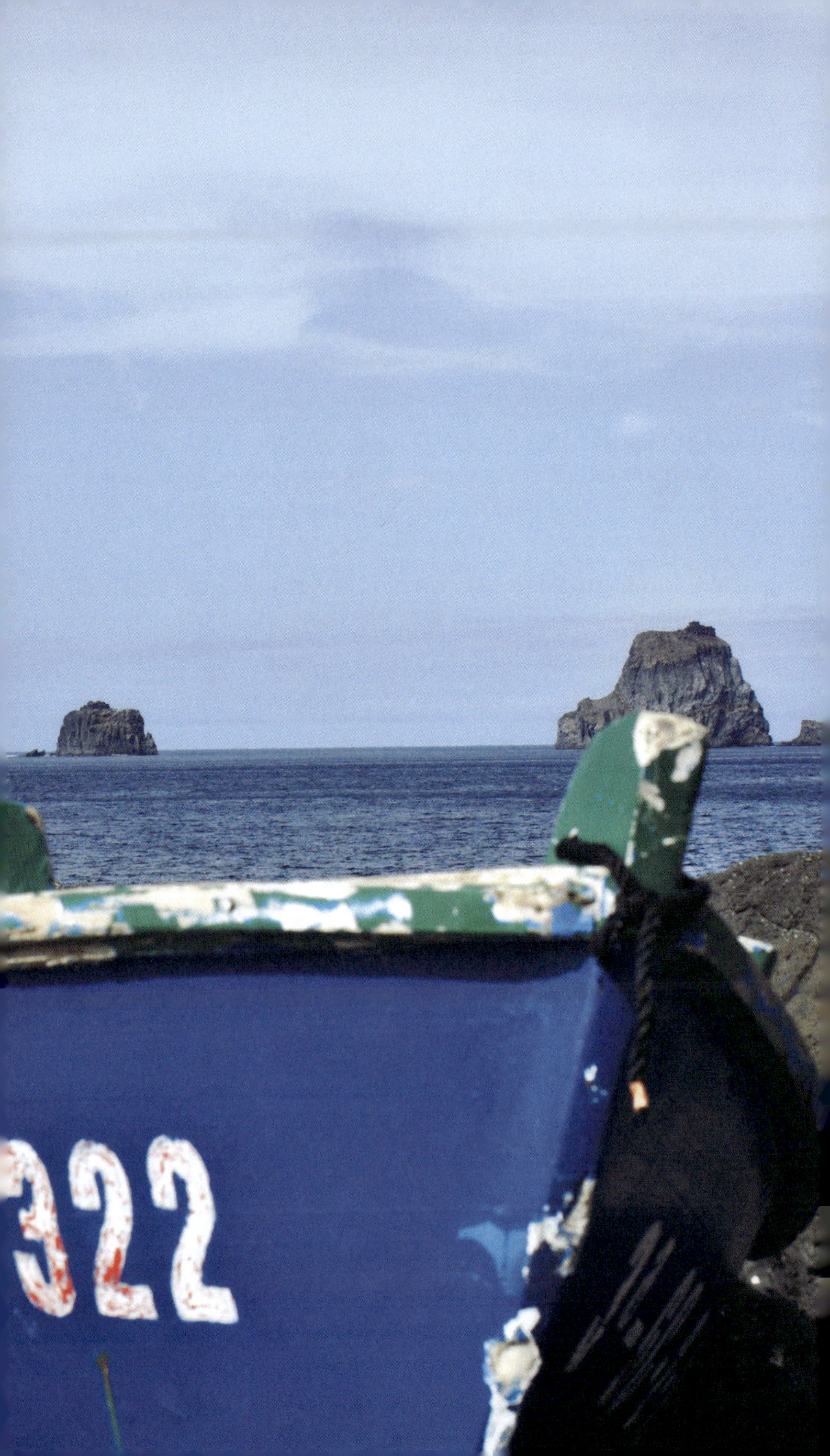
322

Tag 21

Hast du gestern einen glücklichen Tag verbracht?

Und wie ist es heute? Bist du heute immer noch glücklich? Oder war es gestern nur der kurze Moment während dem du mit diesem Buch gearbeitet hast, in dem du dir vorgenommen hast, glücklich zu sein und dann ist dieser Vorsatz in der Hektik des Alltags untergegangen?

Manchmal ist es schwierig, aufmerksam zu bleiben.

Darum ist die Affirmation für den 21. Tag:

Ich bin präsent

Um Präsenz und Aufmerksamkeit wollen wir uns heute kümmern.

Ich arbeite mit sehr vielen und sehr unterschiedlichen Menschen, wenn ich meine Aura-Readings mache. Ich erlebe immer wieder, dass sie vollkommen überrascht sind, wenn sie nach 5 oder 6 Monaten wieder zu einem Termin kommen und ich mich noch an Details aus ihrem Leben erinnern kann.

Ich kann mir keine Botschaften aus der geistigen Welt merken, denn das sind nicht meine Informationen, sondern ich bin nur die Übermittlerin. Wenn mir jemand aber von seinen Kindern oder seinem Partner erzählt, dann weiss ich das auch nach einigen Monaten noch, denn ich bin während einer Beratung — egal ob sie am Telefon, per Internet oder bei mir in der Praxis stattfindet — jederzeit präsent.

Mein Gegenüber schenkt mir sein Vertrauen und ich schenke ihm meine volle Aufmerksamkeit.

Präsent zu sein hat viel mit Nächstenliebe zu tun. Wenn du deine Mitmenschen liebevoll und ernsthaft annehmen willst, dann bist du auch aufmerksam und präsent, während du mit ihnen sprichst und sie dir ihr Leben erzählen.

Und genauso ist es unendlich wichtig, dass du dir selber gegenüber diese Aufmerksamkeit zukommen lässt. Ich weiss, dein Leben ist oft hektisch und es gibt so viele Ablenkungen, die dich davon abhalten, präsent zu sein. Denk nur an dein Smartphone, dass dir ständig und jederzeit die Möglichkeit bietet, mit deiner Aufmerksamkeit irgendwo zu sein, nur ganz sicher nicht bei dir selbst.

Und doch ist es elementar, dass du dich selber wirklich wahrnimmst, damit du weisst, wo du gerade stehst im Leben und was DU für DICH brauchst, um die nächsten Schritte zu machen. Selbst wenn diese nächsten Schritte nur bedeuten, dass du dir eine Tasse Tee kochst.

Mit dir selber präsent zu sein bedeutet, dass du deine Bedürfnisse erkennst und dich ihnen liebevoll annimmst.

ÜBUNG DES TAGES:
Achte dich heute ganz bewusst darauf, wo und wie du präsent bist. Nimmst du deine Bedürfnisse wahr? Und wie gehst du damit um, wenn du sie wahrgenommen hast?

Versuche heute, deine Bedürfnisse jederzeit zu fühlen, wahrzunehmen und darauf einzugehen.

Diese Bedürfnisse kann ich heute wahrnehmen:

_____

_____

_____

Und so bin ich damit umgegangen:

_____

_____

_____

_____

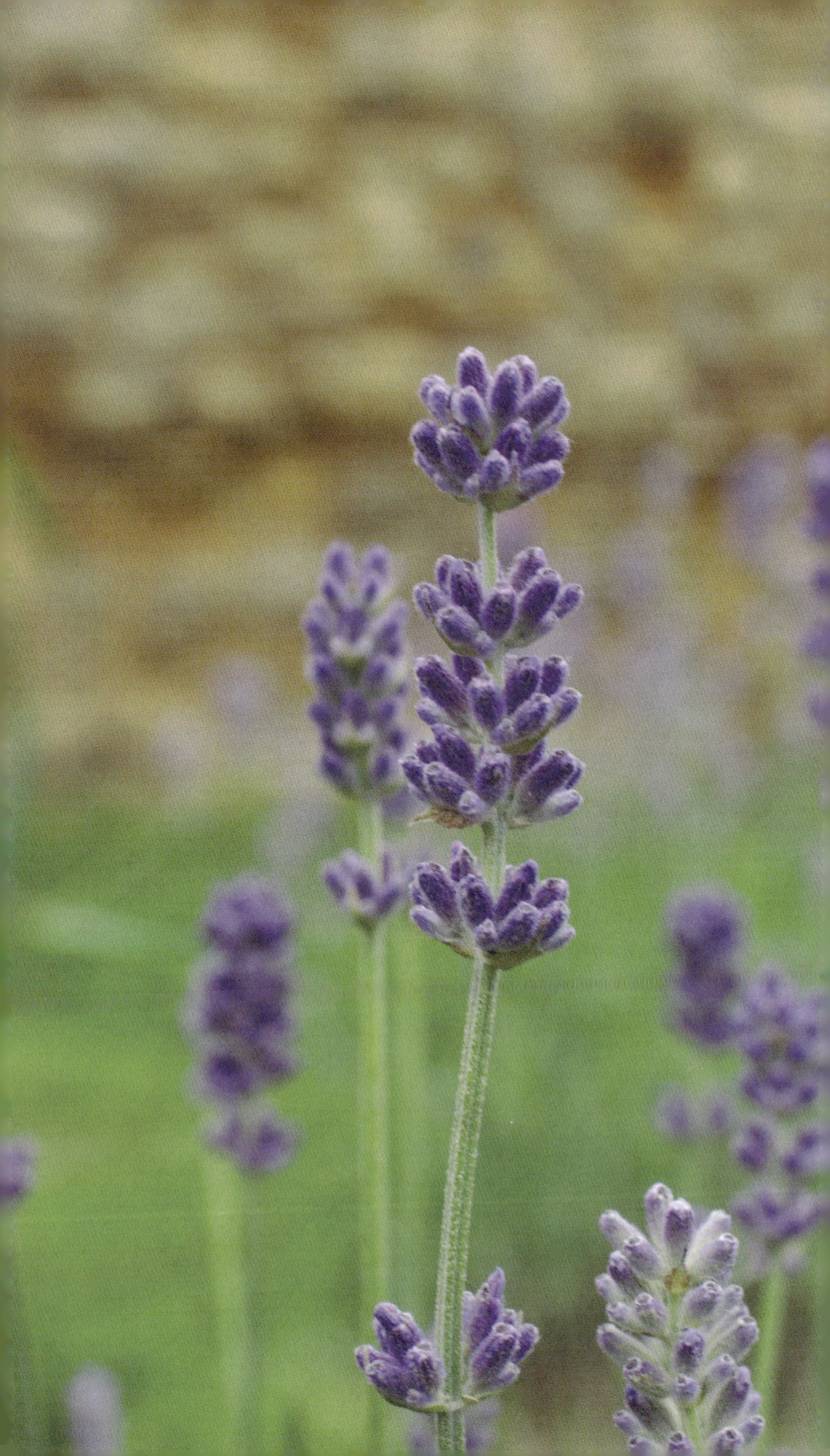

Tag 22

Wie präsent warst du gestern? Warst du achtsam und konntest du deine Bedürfnisse gut wahrnehmen? Wie konntest du auf diese Bedürfnisse eingehen?

Heute wollen wir uns darum kümmern, dass du trotz der grossen Aufgabe, die du dir mit der Arbeit an diesem Buch vorgenommen hast, immer in deiner Harmonie bleibst.

UND DIE AFFIRMATION FÜR DEN 22. TAG IST:

Ich bin in Harmonie

Ich bin in Harmonie. Ich bin in Harmonie. Ich bin in Harmonie.

Sprich es jetzt laut aus und fühle, was diese Worte mit dir machen. Was passiert mit deinem ganzen Sein, wenn du laut entscheidest, dass du in Harmonie bist?

Manchmal ist es schwierig, in Harmonie zu bleiben, wenn die Welt von uns gewisse Dinge erwartet und wir tief in unserem Herzen fühlen können, dass wir eigentlich etwas ganz anderes möchten. Es gibt Tage, da ist die Hektik um uns herum unermesslich gross und es ist einfacher, mit der hektischen Stimmung mit zu gehen, als in der Harmonie zu bleiben.

Und doch hast du immer den Auftrag, dass du harmonisch und ruhig bleibst. Die geistige Welt vermittelt uns immer wieder, dass Ruhe und Harmonie elementar sind dafür, dass wir unsere Seele wahrnehmen und unseren Seelenplan konsequent umsetzen.

Und obwohl es für dich vielleicht schwierig ist, in Harmonie zu sein, möchte ich dir das Bild einer wunderbaren, ruhigen und lichtvollen Insel übermitteln, die in einem aufgewühlten Ozean liegt und Ruhe, Kraft und Harmonie ausstrahlt. Egal, wie wild und stürmisch der Ozean auch ist, diese Insel liegt in meditativer Ruhe, Annahme und Liebe da und schenkt sich dir als Ort der Stille, des Rückzuges und der Harmonie. Stell dir dieses Bild vor deinem geistigen Auge vor, wenn es hektisch und unruhig wird in deinem Leben.

Fühle, wie entspannt, liebevoll und ruhig du bist, wenn du auf deiner Insel bist und denk daran, dass du dich jederzeit auf diese Insel zurückziehen kannst, wenn du eine Auszeit brauchst — ganz egal, ob diese Auszeit 10 Minuten oder 10 Stunden dauern soll.

ÜBUNG DES TAGES:

Entscheide dich heute bewusst, in Harmonie und Ruhe zu sein. Ganz egal, was das Leben heute für Forderungen an dich stellt, bleibe in Harmonie mit dir, deinem Herz und deiner Seele. Erinnere dich an deine eigene Harmonie und sprich die Worte laut aus, wenn es nötig sein sollte.

Wenn du kannst, ziehe dich zurück und arbeite mit dem Bild der Insel und bringe dich so wieder in deine Harmonie, deine Kraft und deine Stärke. Stelle dir deine Insel ganz bewusst vor. Male sie dir in Gedanken auf, wenn du möchtest, bringe deine inneren Bilder auf Papier. So dass du dich jederzeit wohlfühlen kannst auf deiner eigenen inneren Insel der Harmonie.

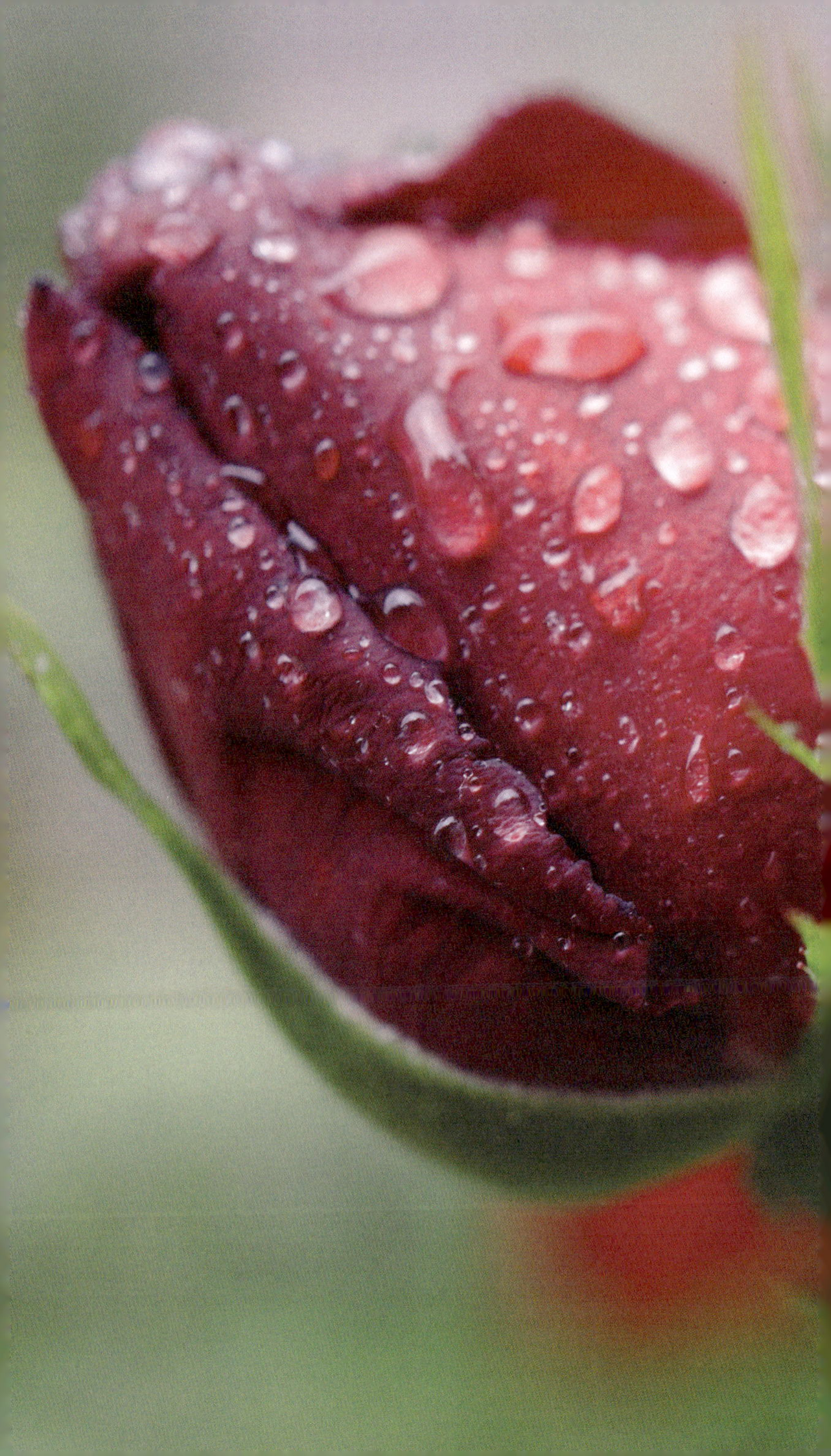

Tag 23

Hast du gestern einen Tag in Harmonie verbracht? Konntest du deine Harmonie halten? Oder bist du von der Hektik des Alltags überrollt worden?

Was war es für ein Gefühl in deinem Körper, als du die Affirmation laut ausgesprochen hast?

Heute wollen wir nicht nur erreichen, dass du in Harmonie bist, sondern auch, dass du dich geliebt fühlst!

UND DIE AFFIRMATION FÜR DEN 23. TAG IST:

Ich bin geliebt

Ich bin. Und ich bin geliebt.

Wenn du diese Worte sagst, wirst du fühlen, wie machtvoll sie sind. Hast du sogar das Bedürfnis, aufzustehen und sie stehend zu sagen, weil du die grosse Macht hinter diesen Worten fühlen kannst? Du bist geliebt. Du bist ein geliebter Teil deiner Seele, ein geliebter Teil der göttlichen Flamme und du bist von Bedeutung.

Ja, ich weiss: Manchmal fragst du dich, ob du überhaupt wichtig bist. Ob es überhaupt wichtig ist, was du wie und in welcher Stimmung machst. Und die Antwort darauf ist: JA!

JA! JA! JA! Das Universum liebt dich. Die geistige Welt liebt dich. Deine Seele liebt dich.

Du bist ein Teil der göttlichen Quelle und als solches unendlich geliebt.

Vielleicht überlegst du dir jetzt, was du in deinem Leben alles falsch gemacht hast und wo du nicht so gut warst, wie du gerne gewesen wärst. Vielleicht glaubst du, dass es ein Irrtum ist, dass du liebenswert bist und denkst dir, dass ich damit gar nicht wirklich DICH meine. Doch! Ich meine dich! Ganz genau dich.

Denn ohne dich würde auf unserer Welt, in unserem Universum etwas fehlen. Du würdest fehlen. Du würdest eine grosse Leere hinterlassen, die nicht gefüllt werden kann. Denn du bist unbeschreiblich geliebt und dein Dasein ist unendlich wichtig.

ÜBUNG DES TAGES:
Schreibe dir auf, warum du besonders liebenswert bist. Was macht dich aus, dass dich zu einem liebenswerten Menschen macht. Und was ist es, was du in dieser Liebe der Erde und der Menschheit an Gutem tust? Was ist dein Beitrag dafür, dass diese Welt zu einem Ort der Harmonie und der Liebe wird?

TAG 23

Ich bin liebenswert, weil:

_____

_____

_____

_____

_____

Mein Beitrag für die Harmonie auf der Erde ist:

_____

_____

_____

_____

_____

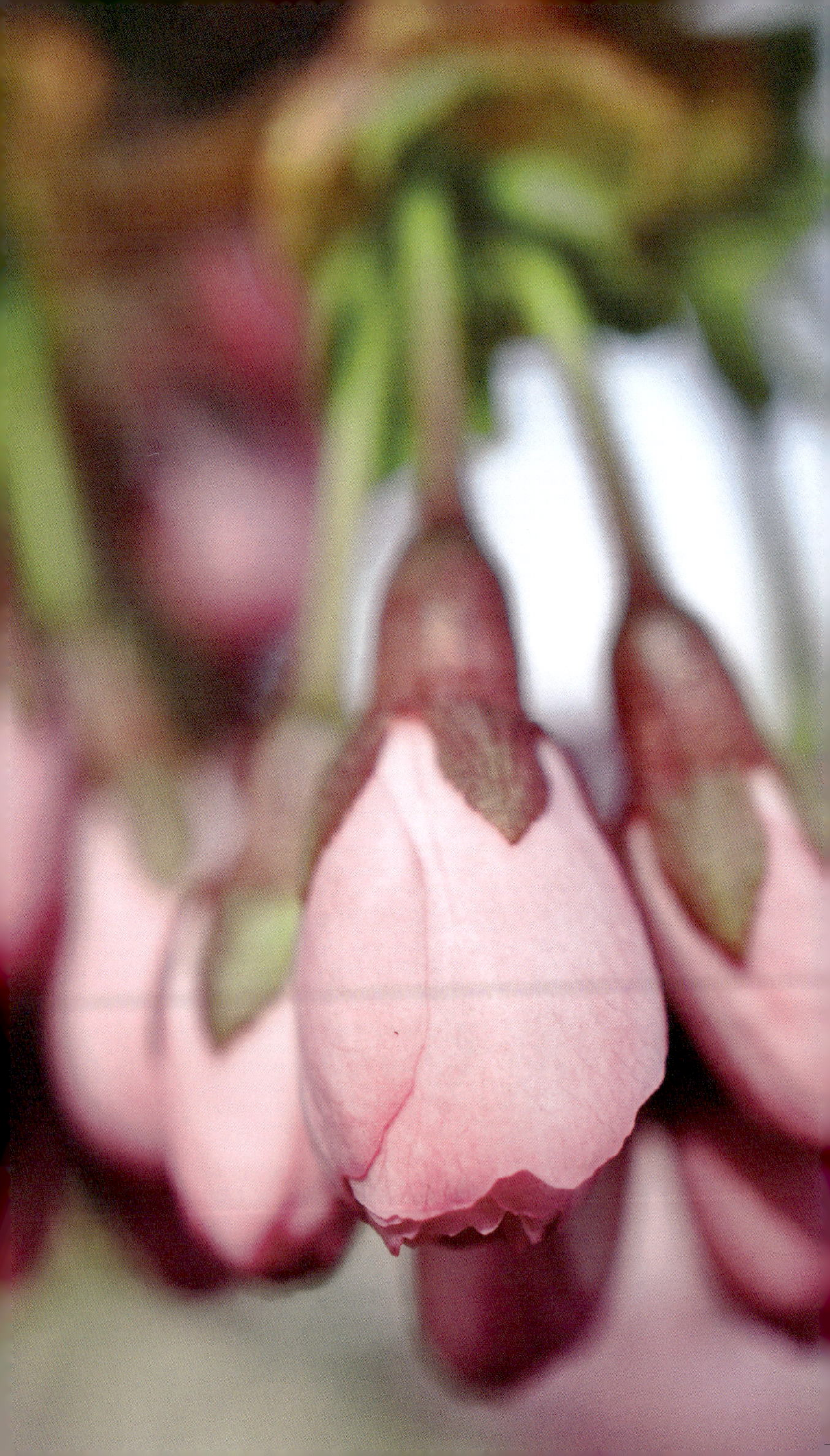

Tag 24

Fühlst du dich geliebt?

Erkennst du die riesigen Schritte, die du während der Arbeit mit diesem Buch bereits machen konntest?

Du hast ganze Berge versetzt! Und darüber wollen wir uns heute mal etwas genauer unterhalten.

DIE AFFIRMATION FÜR DEN 24. TAG IST:

Ich bin selbst-bewusst

Selbstbewusstsein ist ein Thema, mit dem du dich ganz sicher schon sehr oft in deinem Leben auseinandergesetzt hast. Vielleicht bist du daran verzweifelt und hast dich gefragt, warum du eben nicht selbstbewusst auftreten und dich selbstbewusst verhalten kannst.

Oft scheint es eine Gratwanderung zu sein zwischen einem gesunden Selbstbewusstsein und einer gewissen Arroganz. Jedenfalls, wenn du dich von aussen be- und verurteilen lässt.

Bereits in deiner Kindheit wurdest du vielleicht von deinen Eltern korrigiert, wenn du dich über einen Erfolg gefreut hast. Oder du hast Glaubenssätze zu hören bekommen wie: "Bescheidenheit ist eine Tugend". Das führt dazu, dass du verlernt hast, stolz auf dich zu sein und du konntest auch nie lernen, deinen eigenen Erfolg bewusst — eben selbstbewusst — wahrzunehmen und einzuschätzen.

Doch wenn wir uns heute um das Wort selbst-bewusst kümmern wollen, geht es dabei nicht um das klassische Selbstbewusstsein, sondern darum, dass du dich deiner Selbst bewusst wirst. Dass du dich selber bewusst wahrnimmst.

Viele Menschen haben von sich selber ein total verzerrtes Bild. Sie betrachten sich nie genau und schauen sich nie wirklich an im Spiegel. Was könnte man denn da sehen, wenn man sich wirklich betrachten würde?

Genauso versuchen sie oft nicht, sich wirklich zu reflektieren, sondern erkennen sich lieber als Opfer der Umstände oder als "der Gute" in der Geschichte ihres Lebens.

Wenn man allerdings im Aussen von sich als von "die oder der Gute" spricht — im Innern aber heimlich glaubt, dass man nicht genügt und schlecht ist, dann erschafft man damit ein völlig verzerrtes Selbstbild. Dein Unterbewusstsein weiss dann nie genau, womit es arbeiten und was es glauben soll.

Wenn du deinen Seelenplan wirklich leben willst, ist es wichtig, dass du dir selber bewusst wirst. Dass du erkennst, wo du integer handelst und reagierst und wo du noch Lernaufgaben hast in deinem Leben. Das bedeutet, dass du dich und deine Handlungen liebevoll und kritisch betrachtest. Es geht dabei darum, dass du erkennst, was du gut machst und dies auch lobst. Genauso erkennst du deine Lernfelder und du unterstützt dich dabei, diese zu meistern. Zum Beispiel indem du dich mit Freunden austauschst oder natürlich auch mithilfe von Therapien wie geführter Rückführungstherapie oder Hypnose. Bei dieser Art von Therapie wirst du von einer Fachperson an deine verborgenen Blockaden geführt und kannst sie unter deren Anleitung auflösen.

Wie ich oben geschrieben habe, ist es unendlich wichtig, dass du dich selbst-bewusst lobst. Wenn du etwas wirklich gut kannst oder gemacht hast, dann ist es elementar, dass du dies anerkennst und dass du dich bewusst dafür wahrnimmst. Wann hast du dich das letzte Mal bewusst für etwas gelobt?

Selbst-bewusst sein bedeutet nicht, streng mit sich selber zu sein, sondern ganz im Gegenteil: Ehrlich.

Ehrlich und bewusst erkennen, wo man noch lernen kann und genauso ehrlich und bewusst loben, was man schon richtig gut kann.

Je ehrlicher du zu dir selber bist, um so einfacher machst du es deinem Geist, liebevolle Gefühle und Gedanken für dich selber zu haben.

ÜBUNG DES TAGES:
Setze dich mit dir selber hin und führe ein inneres Gespräch. Frage dich, wo du selbst-bewusst bist und wo du dich selber immer besonders schlecht oder vielleicht auch gut siehst.

Wo kannst du noch bewusster mit dir selber umgehen? Wo hast du noch Lernaufgaben zu bewältigen? Handelt es sich bei dieser Lernaufgabe darum, dass du lernen musst, dich zu loben für das, was du grossartig machst den ganzen Tag?

Hier bin ich bereits heute selbst-bewusst:

_____

_____

_____

_____

Hier habe ich noch eine Lernaufgabe:

_____

_____

_____

_____

Das möchte ich heute an mir ganz bewusst loben:

TAG 24

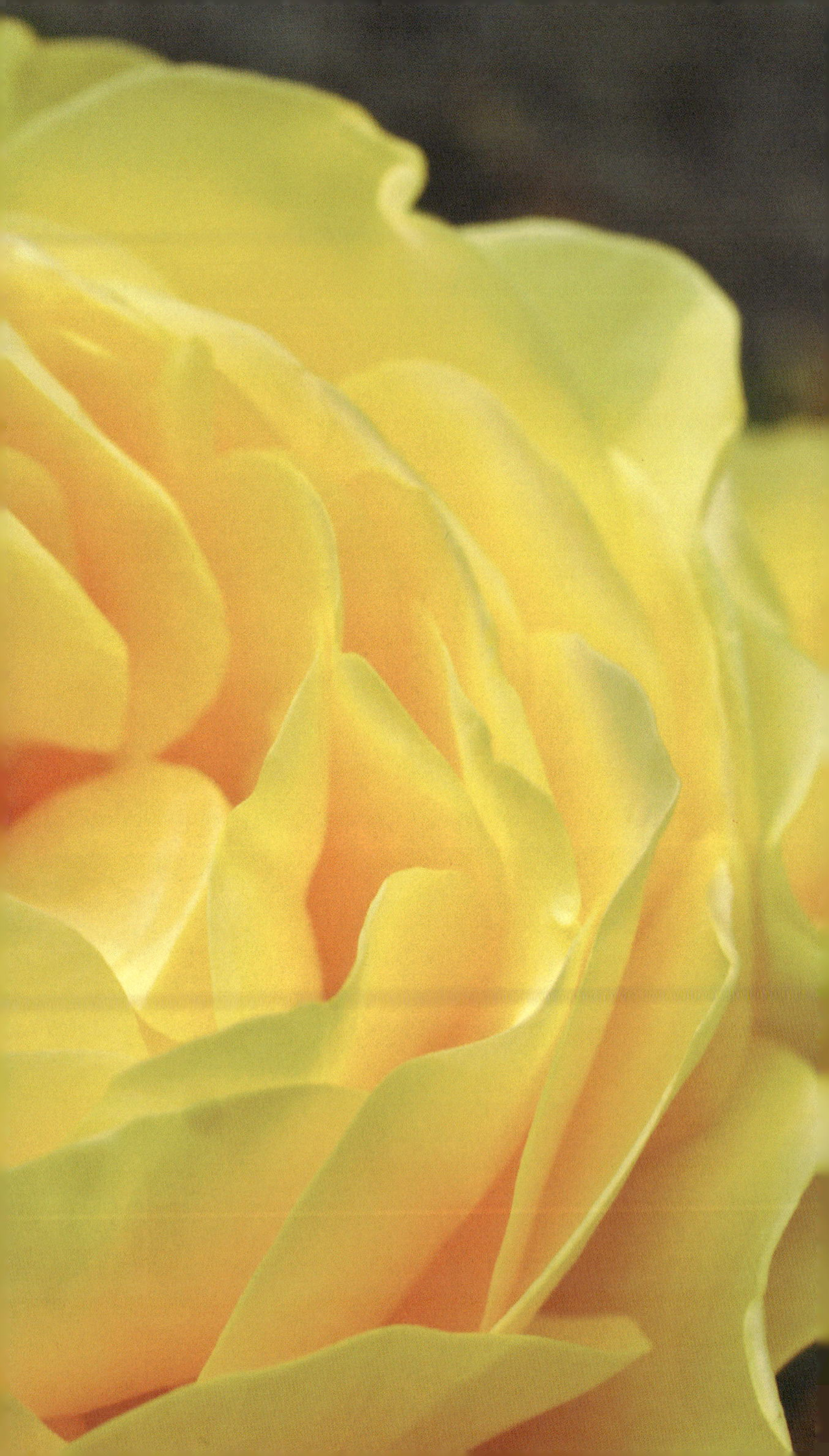

Tag 25

Wo kannst du dein Selbst-bewusstsein noch verbessern?

Kannst du noch liebevoller mit dir selber sein? Kannst du dich noch mehr für dich selber einsetzen?

DIE AFFIRMATION FÜR DEN 25. TAG IST:

Ich bin engagiert

Du hast schon viele viele Tage in diesem Arbeitsbuch gemeistert! Du darfst wirklich stolz auf dich sein, dass du es schon so weit geschafft hast und so intensiv an dir und deiner Selbst-Liebe gearbeitet hast.

Du hast dich in den letzten Tagen engagiert für dich selber, deine Selbst-Liebe und deinen Seelenweg eingesetzt. Wie fühlst du dich damit? Bist du müde? Oder bist du richtig in den Flow gekommen?

Am Anfang dieser Tage hast du dir ein Ziel vorgenommen. Heute geht es darum, dass du dich wirklich für dieses Ziel engagierst.

Du möchtest lernen, dich selber in Liebe anzunehmen.

Dann engagiere dich dafür, dass du dieses Ziel wirklich und wahrhaftig erreichen kannst. Setze dich für dich selber ein. Vielleicht braucht es dafür ein deutliches NEIN. Vielleicht braucht es auch ein richtig starkes JA zu dir selber! Ein JA, ICH BIN ES WERT!

Du bist es wert, geliebt zu sein. Du bist es tausendmal wert, dass du dich selber in Liebe annimmst.

Je mehr du dich selber annimmst, um so eher kann es vorkommen, dass du auf deinem Weg auf Widerstände stösst. Das kann im Aussen sein, genauso wie im Innen. Jetzt kommen diese bösen kleinen Stimmen, die dir ins Ohr flüstern: Das stimmt doch alles nicht! Du bist gar nicht so grossartig!

Doch, das bist du! Du bist unendlich liebenswert. Und du darfst dich jetzt, jederzeit und für immer dafür engagieren, dass du dich selber in all der Liebe annehmen kannst, wie du es verdient hast.

Vielleicht denkst du dir jetzt, dass es ein egoistisches Ziel ist, dich "nur noch für dich selber" zu engagieren. Es wird doch gelehrt, dass du jederzeit den Andern dienen sollst.

Ich sehe das anders. Ich habe von der geistigen Welt gelernt, dass meine Seele sich inkarniert hat, weil sie Aufgaben annehmen möchte, damit sie als Seele wachsen kann. Sie hat sich für dieses Leben viele kreative Dinge überlegt, damit diese Aufgaben zu mir kommen und ich an ihnen lernen und damit wachsen kann.

Wenn ich nun meine Zeit ständig damit verbringe, den Menschen in meinem Umfeld ihre Lebensaufgaben abzunehmen, dann verbleibt keine Zeit mehr für mich und meine Aufgaben. Ausserdem ist es nicht hilfreich für meine und ihre Seele, wenn ich eine Aufgabe übernehme, die eigentlich für meine Nachbarin zugedacht war. Damit hindere ich nicht nur mich, sondern gleichzeitig auch sie daran, sich weiterzuentwickeln.

Wenn du dich heute entscheidest, dich für dich und deine Seelenaufgaben zu engagieren, dann macht deine Seele einen Freudentanz, denn sie weiss, dass du ihr dabei hilfst, ihren Inkarnationsprozess weiter voran zu bringen, so dass sie ihn dann irgendwann zu einem Abschluss bringen kann.

ÜBUNG DES TAGES:
Erkenne, wo du in den letzten Tagen in deinem Engagement nachgelassen hast. Wo darfst du dich noch mehr engagieren? Indem du liebevolle Worte zu dir selber sprichst? Indem du aufhörst, dich zu kritisieren?

Sei jederzeit engagiert und vergiss nicht, dass du dein Fan bist und dich auf dem Weg in die radikale Selbstliebe anfeuerst!

Ich war in diesen Bereichen nicht mehr engagiert:

_____

_____

_____

_____

Das möchte ich mir heute sagen:

_____

_____

_____

_____

Notizen:

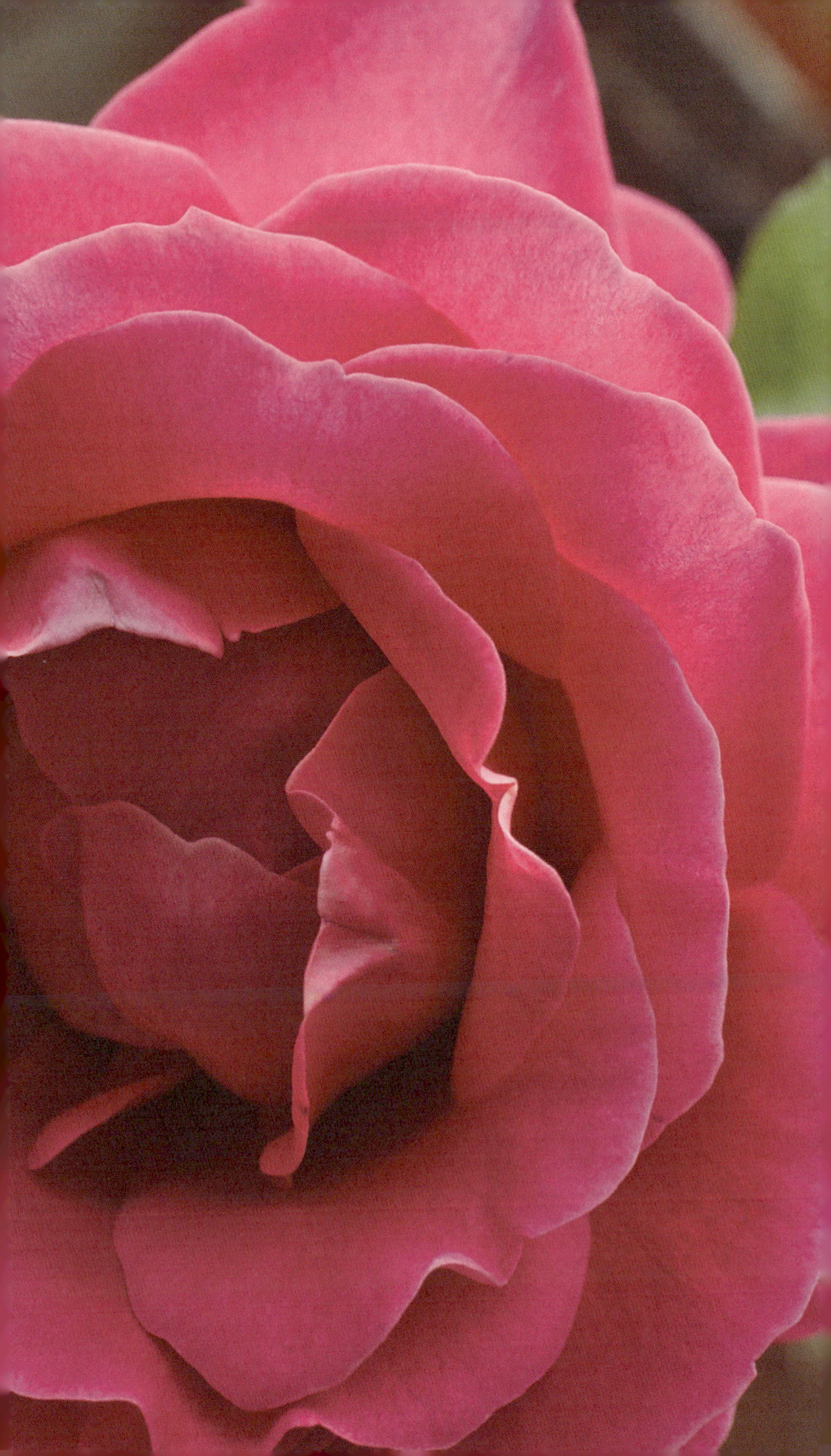

Tag 26

Konntest du dich gestern nochmals richtig auf dieses Buch einlassen? Oder hättest du es am Liebsten in eine Ecke geknallt?

Hast du dich wieder für dich selber eingesetzt?

Du machst das grossartig und heute dreht sich alles darum, dass du genau so, wie du bist, fabelhaft bist.

DIE AFFIRMATION FÜR DEN 26. TAG IST:

Ich bin richtig

Ich bin richtig.

Wann hast du dir selber das letzte Mal gesagt, dass du so, wie du bist, genau richtig bist? Dass du gut bist, genau so, wie du bist?

Du bist richtig.

Ja, du hast Bereiche, in denen du nicht perfekt bist. Du hast Verletzungen, die du noch nicht 100% loslassen konntest.

Du hast Tage, an denen du dich nicht gut fühlst, nicht in deiner Mitte bist oder einfach schlecht gelaunt. Diese Verletzungen oder die schlechte Laune gehört zu dir. Sie sind ein Teil von dir, der dich zu dem macht, was du bist.

Nimm dir einen Moment Zeit und betrachte deinen Lebensweg. Die wunderschönen, guten Erfahrungen, die du machen konntest und die schwierigen Herausforderungen, die du meistern musstest. Schau dir nun die schwierigen Zeiten deines Leben ganz genau an. Wen hast du dabei kennengelernt, der dich heute noch begleitet. Sei es in Person oder einfach durch das, was diese Person damals gemacht oder gesagt hat? Welche Durchbrüche konntest du erzielen, gerade weil du mit solchen Hindernissen konfrontiert warst? Wo hat sich dein Lebensweg vollkommen unerwartet verändert, diese Veränderung hat sich im Rückblick aber als wahrer Gewinn gezeigt?

Siehst du? In den scheinbar dunklen Zeiten unseres Lebens liegt oft ein goldenes Licht vergraben, das wunderbar zu leuchten beginnt, sobald wir die Herausforderung angenommen haben.

Und dabei erkennst du, dass du eben mit all deinen Ecken, Kanten oder Rundungen genau so richtig bist.

So wie du bist, bist du genau richtig! Du bist sogar perfekt, so wie du bist!

Die geistige Welt hat mir eine wunderbare Weisheit vermittelt, als ich sie um Inspiration für diese Affirmation gebeten habe. Sie haben mir nämlich gesagt, dass jeder Mensch genau so geplant war, wie er ist. DU hast dich so geplant wie du bist. Deine Seele hat dich so geplant wie du bist. Mit all deinen Fähigkeiten und all deinen Herausforderungen. Du bist genau richtig, so wie du bist.

Ist das nicht ein wunderschöner Gedanke? Dass du dich darauf verlassen kannst, dass du so, wie du bist, genau richtig bist.

ÜBUNG DES TAGES:
Ich möchte dich heute einladen, eine kleine Meditation zu machen. Eine Meditation, in der du in das Gefühl gehst, dass du genau so, wie du bist, richtig bist. Das du perfekt bist, so wie du bist und dass du dich selber genau so geplant hast. Vielleicht gehst du im Geiste deine Herausforderungen noch einmal durch und erkennst das goldene Licht, das darin geleuchtet hat.

Wie fühlt sich das an für dich? Kannst du fühlen, wie sehr du dich lieben kannst, wenn du fühlst, wie richtig du bist?

Das ist ein wunderbares Gefühl!

Was ist dir in deiner Meditation begegnet und aufgefallen:

_____

_____

_____

Was kannst du heute als Glück erkennen, obwohl es "damals" eine grosse Last für dich war:

_____

_____

_____

_____

_____

_____

Notizen:

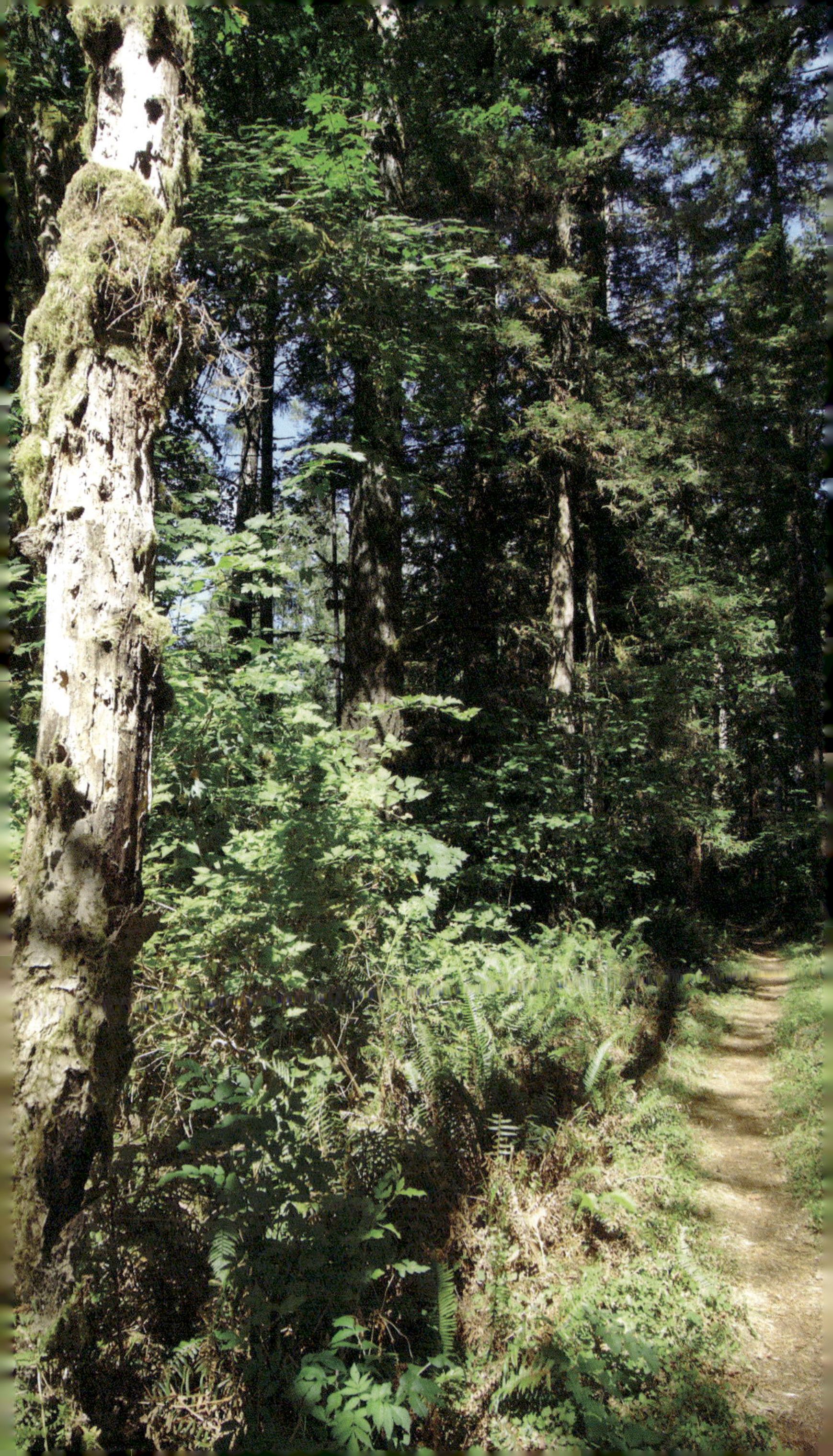

Tag 27

Wie fühlt es sich für dich an, zu wissen, dass du so, wie du bist, genau perfekt bist?

Konntest du dir gestern Zeit für die Meditation nehmen? Wie hat sich das angefühlt? Hast du dich richtig gefühlt?

DIE AFFIRMATION FÜR DEN 27. TAG IST:

Ich bin seelenvoll

Was genau ist seelenvoll eigentlich?

Das wollen wir heute etwas genauer anschauen.

Du in deinem menschlichen Körper bist ein Gefäss. Ein wunderbares, perfektes Gefäss für deine Seele. Deine Seele — respektive Aspekte deiner Seele — wählen deinen Körper aus, um in ihm menschliche Erfahrungen zu machen. Erfahrungen, die du vielleicht manchmal schön findest und manchmal weniger schön.

Deine Seele könnte sich zum Beispiel ausgewählt haben, sich mit diffusen Ängsten auseinandersetzen zu wollen.

Oder sie könnte gewählt haben, schwierige Beziehungen erleben zu wollen.

Das sind dann Dinge, die du jetzt in deinem Leben erlebst, denn du bist eben für deine Seele ein Gefäss, in dem sie ihre menschlichen Erfahrungen macht.

Deine Seele hat viele viele Gefässe, die sie nutzt, um menschliche Erfahrungen zu machen. In diesem Inkarnationsprozess, in dem du bist, wählt sich deine Seele immer wieder neue Gefässe, in denen sie diese Prozesse machen kann.

Auch wenn du vielleicht manchmal das Gefühl hast, weit weg von deiner Seele zu sein, auch wenn du dich getrennt fühlst — sei dir gewiss:

Du bist immer mit deiner Seele verbunden.

Deine Seele belebt diesen Körper und erlebt durch dich alles, was du erlebst.

Du bist ein seelenvolles Wesen und genau das macht dich so einzigartig. Denn deine Seele ist ein göttliches, allwissendes und unendliches Wesen und du bist direkt mit diesem Wesen verbunden.

Du bist seelenvoll, denn du bist das wunderbare Gefäss, dass sich deine Seele für diese Inkarnation ausgewählt hat. Vergiss das nicht.

ÜBUNG DES TAGES:

Nimm dir heute Zeit, dich ganz bewusst mit deiner Seele zu verbinden. Nimm dir Zeit, deine Seele zu bitten, dass sie sich bemerkbar machen soll, so dass du sie intensiv fühlen kannst.

Vielleicht hast du ein Anliegen an deine Seele, das du gerne mit ihr besprechen möchtest. Dann mache das. Nimm dir Zeit dafür, ihr zu erklären, wie es dir geht. Achte dann darauf, was deine Seele dir vermitteln möchte. Manchmal vermittelt die Seele ihre Botschaften in Form von Bildern oder inneren Filmen. Manchmal kannst du ein Wort lesen vor deinem geistigen Auge oder hören. Lass dir alles übermitteln, was deine Seele dir heute zu sagen hat.

Sei heute achtsam und mache dir immer wieder bewusst, dass du ein seelenvolles Wesen bist. Versuche heute, deinen Tag durch die staunenden Augen eines Kindes zu sehen, dass sich über einen schönen Sonnenuntergang, ein buntes Blatt oder einen herbstlichen Wald freuen kann. Denn deine Seele kann genau darüber jeden Tag von neuem Staunen.

Staune heute mit ihr. Viel Freude wünsche ich dir.

Meine Seele hat sich auf folgende Art bemerkbar gemacht:

_____

_____

_____

Das war heute ihre Botschaft an mich:

Notizen:

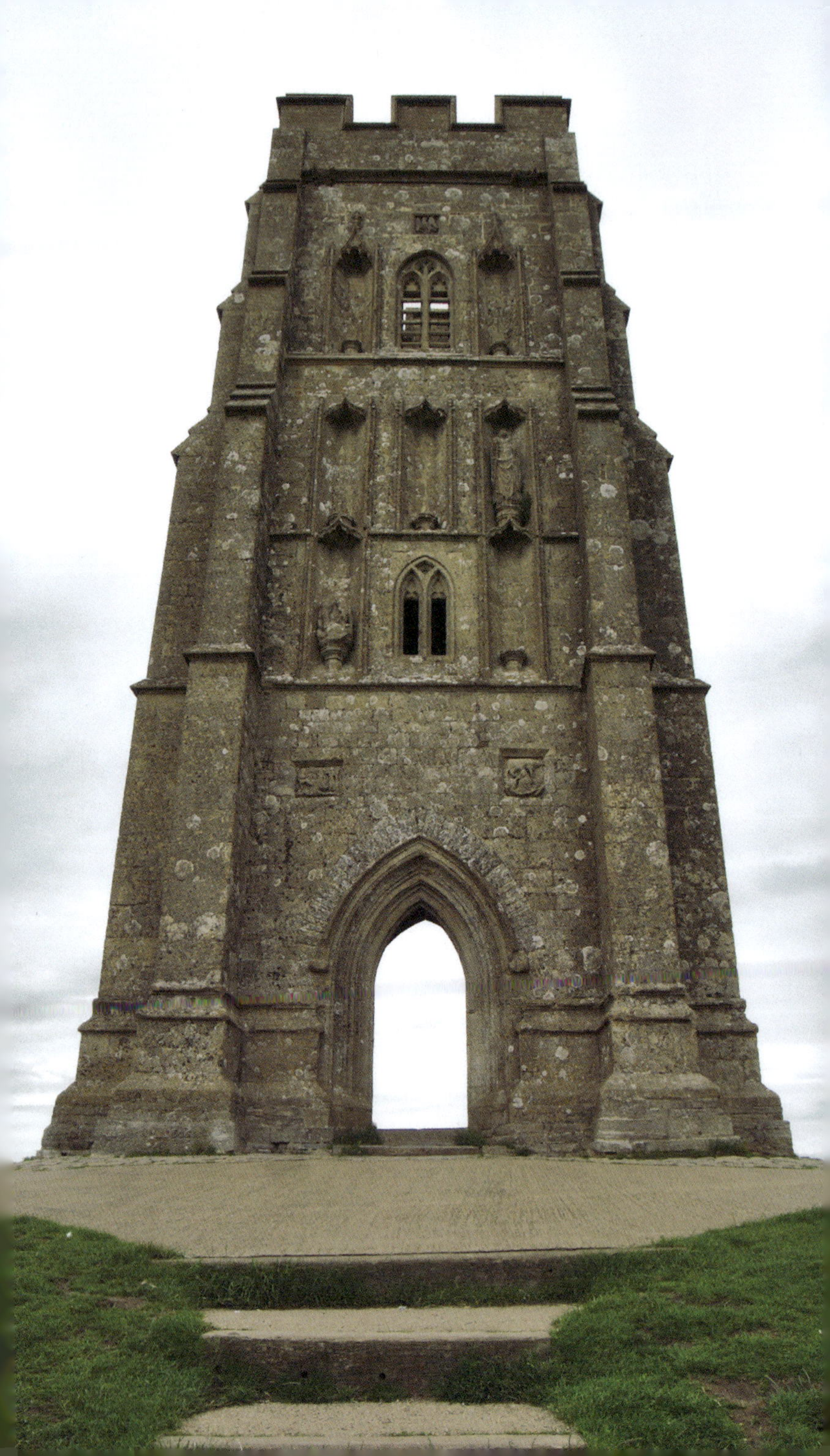

Tag 28

Was hat sich gestern anders angefühlt, an dem Tag an dem du dich so intensiv mit deiner Seele verbunden hast?
Warst du vielleicht sogar besonders produktiv gestern?

DIE AFFIRMATION FÜR DEN 28. TAG IST:

Ich bin in meiner Mitte

Was, schon wieder? Gab es das nicht schon einmal?

Nicht ganz. Vor genau 20 Tagen hast du dich damit auseinandergesetzt, dass du zentriert bist.

Was ist denn seither geschehen? Hast du gelernt, besser in deiner Mitte zu sein?

Oder warst du einfach an einem Tag schön zentriert und dann hat sich dieser Entscheid wieder verwässert?

Indem du dich immer von neuem entscheidest, in deiner Mitte zu sein, entscheidest du dich auch für viele andere Dinge:

- Du entscheidest dich, in Harmonie zu sein.
- Du entscheidest dich, nicht angreifbar zu sein.
- Du entscheidest dich, dich nicht auf irgendwelche Dramen einzulassen, sondern deinen Weg in Gelassenheit und Anmut zu gehen.
- Du entscheidest dich, nicht auf Klatsch und Tratsch einzugehen, sondern in deiner Mitte zu bleiben.
- Du entscheidest dich, ein leuchtendes Licht zu sein in dieser Welt.
- Du entscheidest dich immer und immer wieder, dich so, wie du bist anzunehmen und bedingungslos zu lieben.

Denn du lässt dich vom Aussen, von der Hektik des Lebens oder den Anforderungen deines Umfelds nicht aus der Ruhe und aus der Mitte bringen.

Wie das Tor von Glastonbury entscheidest du dich, in der Ruhe und Kraft deiner Mitte zu sein und dort zu bleiben. Der Turm, den du auf diesem Bild siehst, wird das Tor von Glastonbury genannt. Es ist das Tor zu der zauberhaften Welt von Avalon und steht seit Jahrhunderten auf diesem Hügel.

Ich liebe dieses Bild. Es ist an einem stürmischen Juni-Tag entstanden und es war kalt und windig, denn das Tor steht auf einem hohen Hügel oberhalb der Stadt. Und egal, wie stürmisch der Wind ist, wie regnerisch das Wetter ist, wie laut und hektisch die Stadt unter dem Tor ist, es steht in seiner Ruhe, in seiner Würde, in seiner Harmonie und seiner ganzen, unumstösslichen Kraft da und ist jederzeit und immer in seiner Mitte.

Ich konnte an diesem mystischen Ort die Kraft der Erde wahrnehmen. Die Kraftlinien, die sich hier kreuzen und die es uns leicht machen, die Zugänge zu der andern Welt wahrzunehmen. Die Naturwesen, die uns dabei unterstützen, die Erde in ihrer ganzen Grösse und Würde zu erkennen und unsere Geistführer, die uns liebevoll zeigen, wie wir mit uns selber in Harmonie und Liebe leben.

Dieser kraftvolle Turm ist ein Tor zur Anderswelt, genauso wie deine Seele für dich ein Tor zur Anderswelt sein kann. Er steht in seiner Kraft und Ruhe an diesem Ort und bewacht für uns die Zugänge.

Das Tor darf für dich, zu einem Symbol für deine innere Mitte werden, genauso wie es für mich dazu geworden ist.

ÜBUNG DES TAGES:
Werde dir deiner inneren Mitte heute noch einmal bewusst. Werde dir bewusst, was für eine Kraft in dir steckt, wenn du deine Mitte fühlen kannst.

Je stärker du mit deiner inneren Mitte verbunden bist, um so stärker wird deine mentale Kraft und umso schneller und nachhaltiger kannst du manifestieren und dir dein Leben so erschaffen, wie du es dir wirklich wünscht.

Was ist das nächste, was du dir erschaffen möchtest? Schreibe es dir heute auf und dann gehe in deine Mitte und in die Kraft deines Geistes und beginne damit, dieses Ziel zu manifestieren.

Meine innere Mitte fühle ich besonders stark, wenn...

_____

_____

_____

Das ist das nächste, was ich erschaffen möchte:

_____

_____

_____

Notizen:

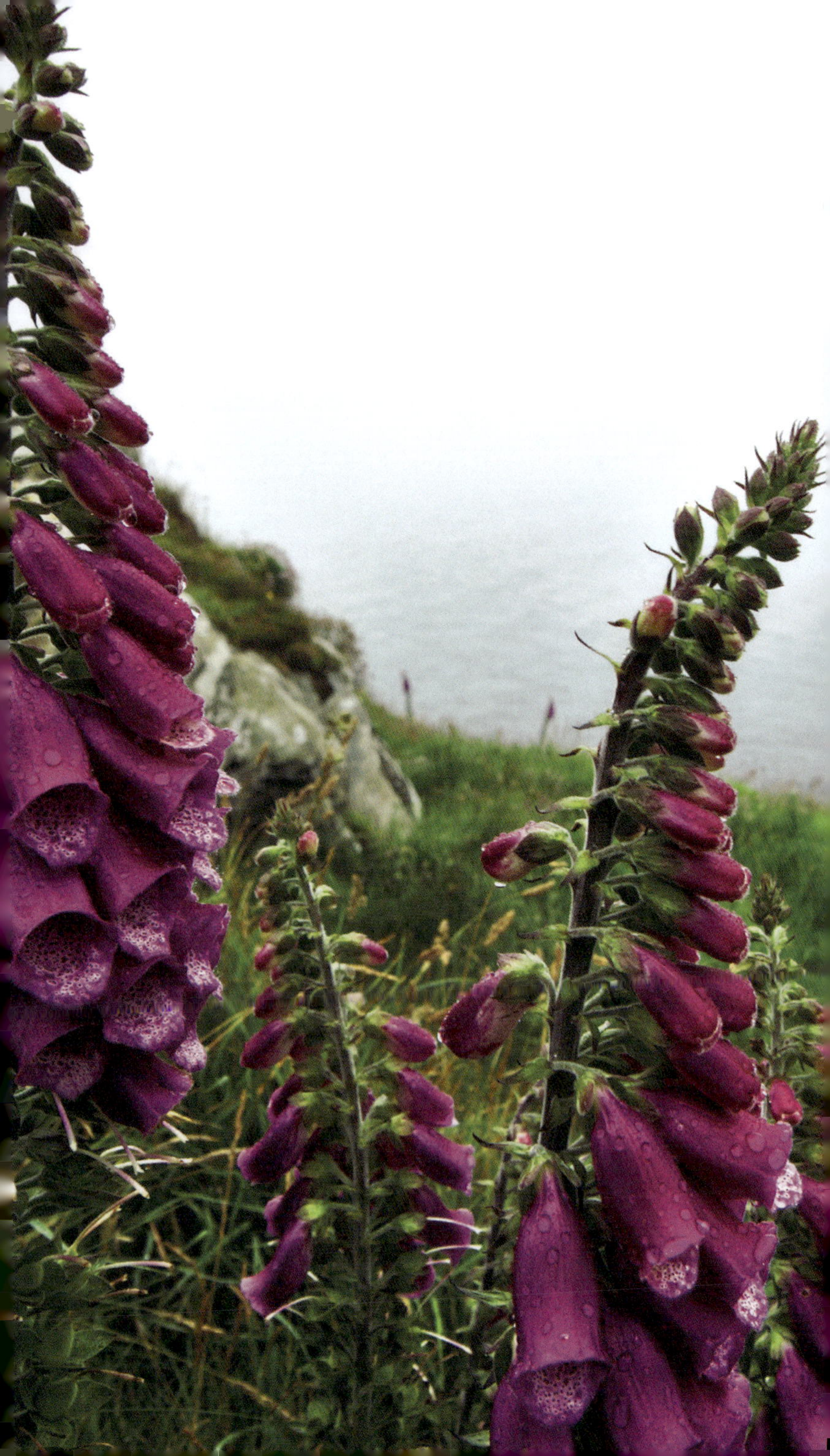

Tag 29

Welche Ziele hast du, die du erschaffen möchtest, wenn du deine Mitte fühlen kannst?

Heute geht es darum, dass du dir deiner göttlichen Macht bewusst wirst.

DENN DIE AFFIRMATION FÜR DEN 29. TAG IST:

Ich bin machtvoll

Bist du dir bewusst, wie machtvoll du bist?

Nutzt du deine Macht in deinem Alltag schon oder ist es etwas, was dir noch schwer fällt?

Mir ist es wichtig, dass du deine Position verstehst, die du in diesem Multiversum einnimmst. Du bist ein Teil der göttlichen Quelle. Wie jedes andere Wesen in diesem und allen andern Universen. Jedes Wesen ist ursprünglich der göttlichen Quelle entsprungen und hat sich dann entschieden, sich unter den unterschiedlichsten Voraussetzungen wahrzunehmen.

Als dieser göttliche Teil regierst du über dein eigenes Königreich, über dein eigenes Universum.

Deine Existenz in unserem dualen Universum hast du als machtvoller Schöpfergott gestartet. Deine Seele ist ein überaus machtvoller Schöpfergott. Du als elementarer Teil deiner Seele bist ein Schöpfergott und als solcher kannst du ganze Universen erschaffen. Und zwar in einem einzigen Augenblick.

Doch da du dich für einen Inkarnationsprozess in unserem dualen Universum entschieden hast, bist du ein paar Bedingungen eingegangen, die dir die Erinnerung daran, dass du ein Schöpfergott bist, erschweren. Denn du bist durch den Schleier des Vergessens gegangen und erinnerst dich nicht mehr an diese Macht. Und heute ist es meine Aufgabe, dich an deine Macht zu erinnern.

Egal, wo du in deinem Leben gerade stehst: Du bist ein machtvolles Wesen und du hast jederzeit die Möglichkeit, dein Leben so zu verändern, dass es für dich stimmig ist.

Einzig dein Geist ist in der Lage, dich klein zu halten. Wenn du dir ständig denkst: Es reicht finanziell nicht, ich kann mir das nicht leisten, ich bin zu jung, alt, klein, weiblich etc. dafür... dann wirst du auch nichts ändern. Denn dein Geist hält dich damit klein und in den engen Zwängen, die so praktisch sind, damit du nicht mutig sein musst und damit du dich weiterhin als Opfer der Umstände fühlen kannst.

Doch bei all dem Vergessen und Verdrängen hat deine Seele das Wissen und die Macht eines Schöpfergottes in sich und über deine Seele hast du den Zugriff genau darauf.

Du bist ein überaus machtvolles Wesen, doch du musst lernen, diese Macht auch zu benutzen. Benutze sie, um deinem Leben die Richtung zu geben, die du dir wünschst. Je weniger du an deiner Macht zweifelst, umso eher und einfacher kann sich in deinem Leben all das manifestieren, was du dir vorstellst.

ÜBUNG DES TAGES:
Was brauchst du, um dir wirklich bewusst zu werden, wie machtvoll du tatsächlich bist?

Lass dir von deinen Geistführern ein Symbol überreichen, dass dich jederzeit daran erinnert, dass du eine machtvolle Seele bist, die ihr Leben jederzeit so verändern kann, dass es für sie richtig und stimmig ist. Nimm dieses Symbol an und beginne, damit zu arbeiten.

Ich habe folgendes Symbol für meine Schöpfermacht erhalten:

_____

_____

_____

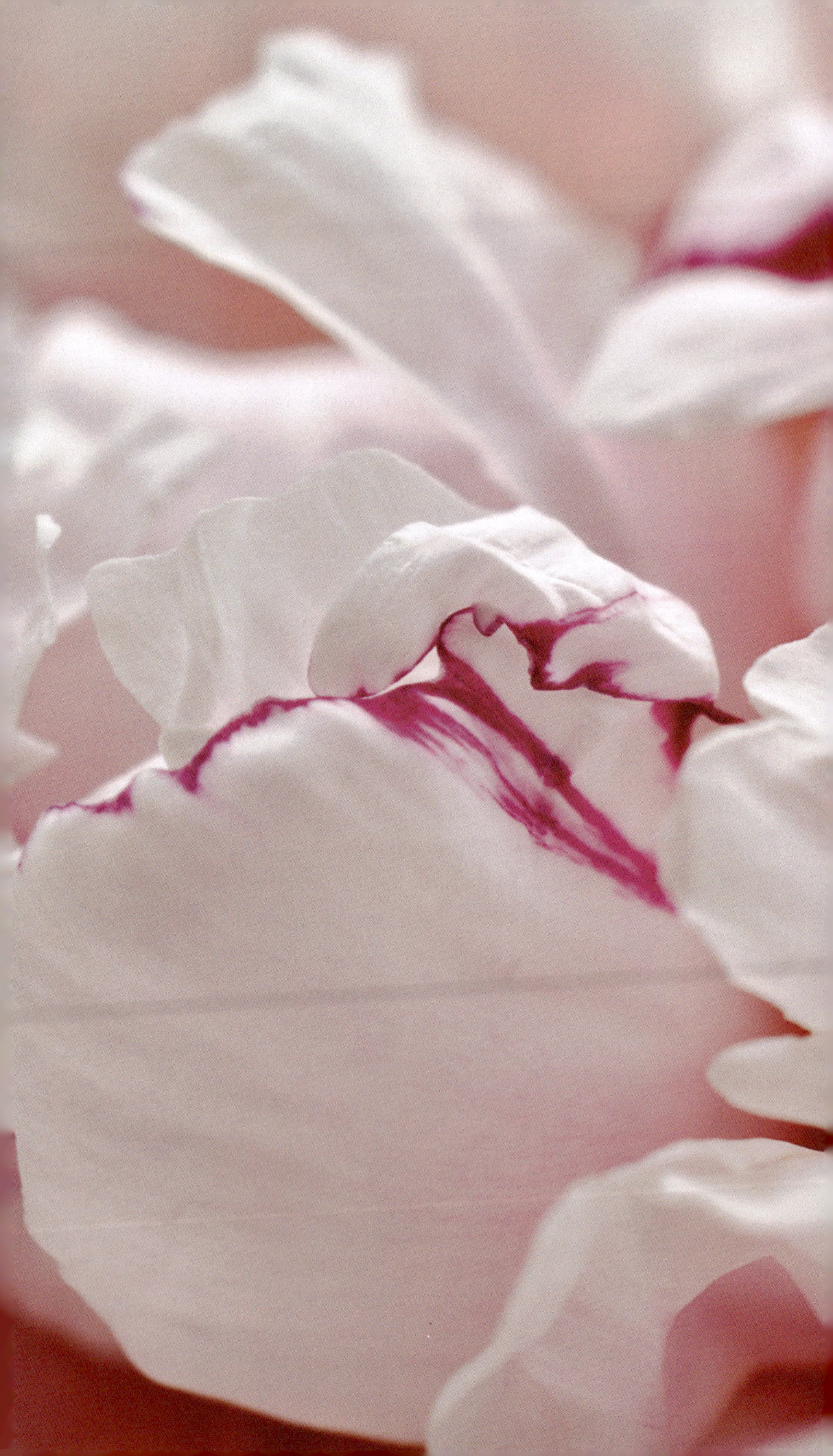

Tag 30

Du hast es geschafft!!!!
Du hast 30 Tage durchgehalten und jeden Tag deine Übungen gemacht! Du darfst unendlich stolz auf dich und deine Ergebnisse sein!

Du bist grossartig und hast bewiesen, dass du dich und deine Selbstliebe wirklich ernst nimmst.

Und nun kommen wir zum Ende.

UND DIE AFFIRMATION FÜR DEN 30. TAG IST:

Ich bin göttlich

Ja, du bist göttlich!

Du bist ein göttliches Wesen und deine Essenz ist immer und zu jederzeit die reine, unverfälschte Liebe. Du bist ein wichtiger Aspekt der göttlichen Quelle und wenn du nicht wärst, würdest du fehlen!

Du bist ein göttliches Wesen und du bist aus der göttlichen Quelle entsprungen. Diese Quelle ist eine unendliche Quelle der Freude und der Liebe. Die göttliche Quelle kennt nur Licht und Liebe und genauso kennt deine göttliche Essenz nur die Liebe.

- Die Liebe zu der Quelle.
- Die Liebe zum Erfahren.
- Die Liebe zum Leben.
- Die Liebe zu jedem anderen Wesen.
- Die Liebe zu dir selbst.

Du selbst bist aus Liebe entstanden und diese Liebe wird immer grösser, je mehr du dich darauf fokussierst und dich darauf einlassen kannst.

Du bist Liebe! Und diese Liebe hast du in den letzten Tagen intensiv gepflegt. Du hast sie kennengelernt. Du hast sie vergrössert. Du hast sie geklärt.

Und heute kannst du dich selber in vollkommener Liebe annehmen. Denn du hast 30 Tage intensiv daran gearbeitet, dich in radikale, bedingungslose Selbstliebe zu hüllen und dich als das göttliche Wesen anzunehmen und zu unterstützen, dass du bist.

ÜBUNG DES TAGES:

Erkenne deine eigene Göttlichkeit.

Erkenne, dass du ein Wesen bist, dass die Liebe und das immerwährende Licht in sich trägt.

Stelle dich vor den Spiegel, schau dir in die Augen und sage dir aus tiefstem Herzen:

Ich liebe mich!

_____

_____

_____

_____

_____

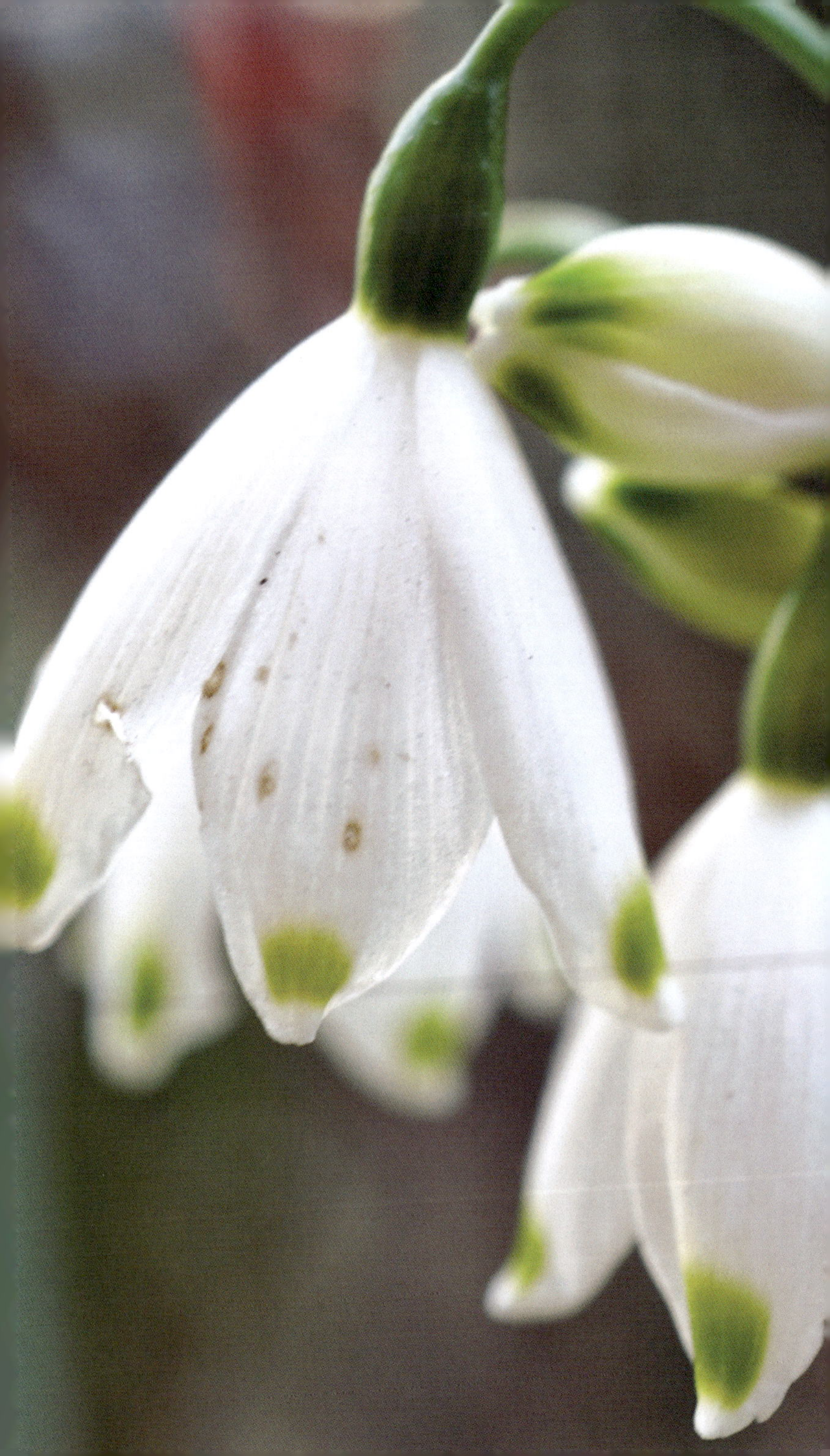

Nachwort

In den letzten 30 Tagen hast du dich bedingungslos für dich selber eingesetzt. Du hast deine Blockaden angeschaut und dich mit ihnen auseinandergesetzt. Du hast dich deinen Verletzungen gestellt und hast gelernt, wie du dich trotz Narben und Wunden in liebevollem Mitgefühl annehmen kannst.

Deine Seele durfte sich in den letzten Tagen in ihre ganze Grösse entfalten und dir zeigen, welch göttliches Wesen in dir schlummert.

Du konntest erkennen, was es bedeutet, ein machtvoller Schöpfergott zu sein und wie du mit dieser Macht dein Leben jederzeit verändern und neu erschaffen kannst.

Vielleicht ist eine der Affirmationen für dich besonders wertvoll. Vielleicht hat sie dich auf einer Ebene berührt, die du nur schwer benennen kannst, aber du kannst fühlen, wie du damit in Resonanz gehst.

Dann nimm diese Affirmation in dein Leben mit. Schreibe sie dir auf, so dass du sie regelmässig lesen kannst und dich daran erinnerst. Arbeite weiter mit ihr, denn das ist es, was deine Seele im Moment braucht.

Denke daran: Du hast in den letzten Tagen einen unermesslichen Wandel in deinem Selbstwert, in deiner Selbstwahrnehmung und in deinem Leben vollbracht.

Doch mit dem Abschluss dieses Buches, ist die Arbeit mit der Selbstliebe keineswegs abgeschlossen. Jetzt hast du gerade damit begonnen!

Um das Thema Selbstliebe in deinem Leben wirklich zu verankern, braucht es von dir nun die Achtsamkeit und das Bewusstsein, dass du dich regelmässig damit auseinandersetzt.

Du könntest dir zum Beispiel vornehmen, dich ab jetzt jede Woche mit einer Affirmation aus diesem Buch auseinander zu setzen. Vielleicht reicht es für dich, wenn du das Buch auf der entsprechenden Seite offen im Regal stehen lässt, damit du die Affirmation jeden Tag lesen kannst.

Vielleicht möchtest du dich aber auch noch einmal intensiv mit dem einen oder andern Thema auseinandersetzen. Dann könntest du zum Beispiel ein Selbstliebe Tagebuch führen und darin festhalten, was du für Erkenntnisse und Erfahrungen machst. Du könntest dich auch mit einer Freundin, einem Freund oder einem Lebensgefährten zusammentun und gemeinsam wochenweise an einem bestimmten Thema arbeiten. Möglicherweise entwickelt ihr dabei weitere hilfreiche Affirmationen, die für eure

Leben ganz individuell gelten. Gerade die Zusammenarbeit mit einem Partner macht solche Arbeiten besonders wertvoll, weil man sich dabei stärker für das gemeinsame Ziel verpflichtet.

Ich empfehle dir, so lange und so intensiv mit dem Thema Selbstliebe zu arbeiten, bis es für dich ganz selbstverständlich geworden ist, dich selber zu achten, dich zu respektieren und dir selber in Selbstliebe, Selbst-Mitgefühl und bedingungsloser Selbst-Annahme zu begegnen. Denn dann kannst du sicher sein, dass dir die Selbstliebe sozusagen bis ins Zellgedächtnis eingesunken ist. Dass du ganz selbstverständlich liebevoll mit dir und mit deinem Leben umgehst und dass du dich nicht von inneren Kritikern und inneren Zweiflern verunsichern lasst.

Dann weisst du, dass du das Thema Selbstliebe wahrlich gemeistert hast.

Denn du bist jederzeit in Liebe, in Licht und in Harmonie mit dir selber.

Ich wünsche dir dabei viel Freude und wunderbare Erfolge.

Wenn du Hilfe brauchst bei deiner Arbeit mit der Selbstliebe, findest du auf meiner Website www.seelenschimmer.com viele weitere Tipps und Tricks, wie du dich selber liebevoll und achtsam anzunehmen lernst.

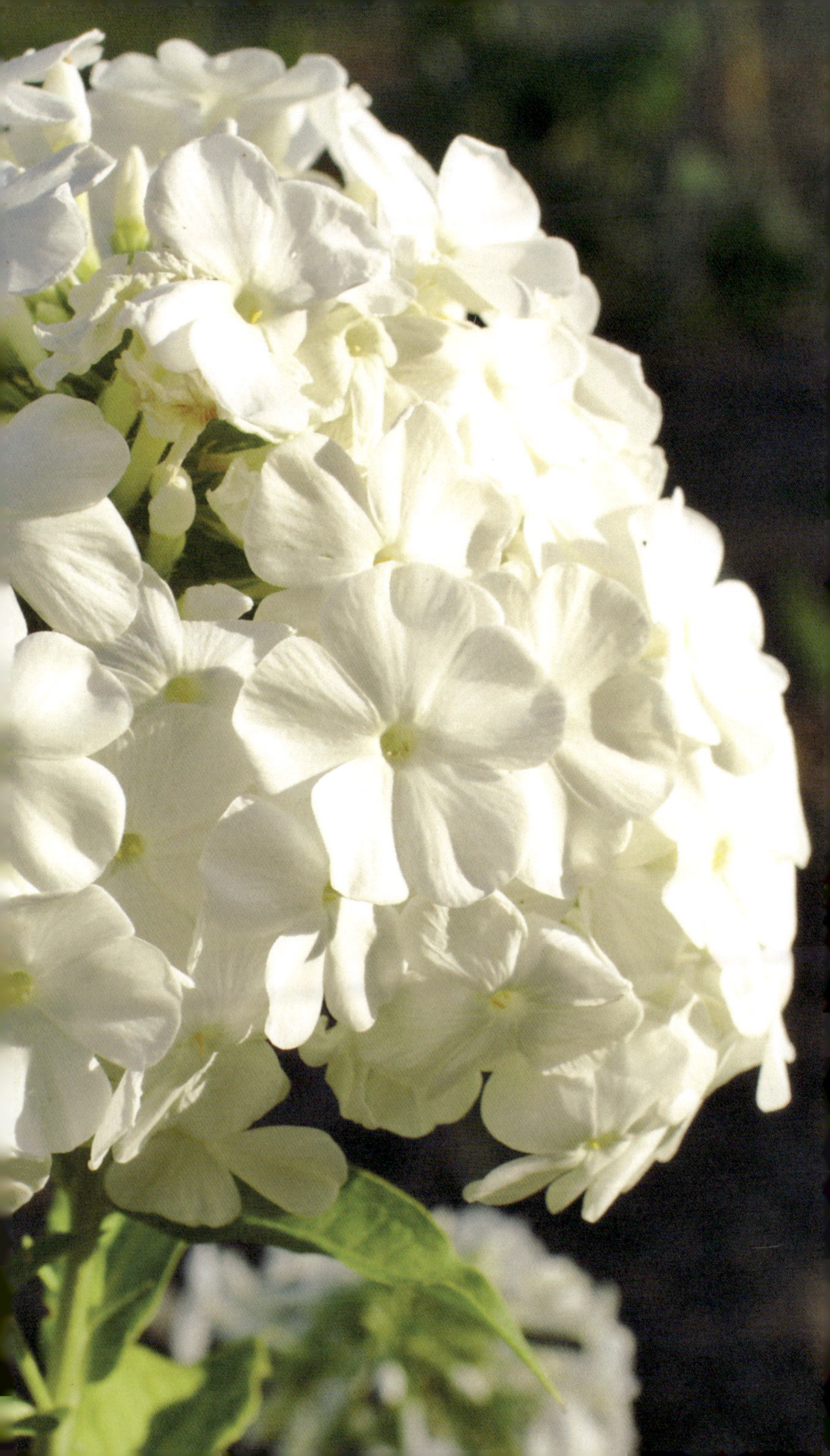

Ein grosses Danke!

Dieses Buch konnte nur Zustande kommen, weil mich viele Menschen liebevoll unterstützt haben mit ihrem Dasein, ihrem Input oder ihrer Zeit, die sie in mich und mein Werk investiert haben.

Ich möchte diese Gelegenheit nutzen, mich bei diesen Menschen zu bedanken.

Bei Matthias, weil du mein Fels in der Brandung bist.

Bei Papa, weil du an mich glaubst und mich angetrieben hast, dieses Buch endlich zu Papier zu bringen und weil du der Erste warst, der es mit aufmerksamen Augen für mich gegengelesen hat.

Bei Mama, weil du immer da bist für uns.

Bei Simone für das wunderbare Lektorat und die lange und wertvolle Freundschaft.

Bei Beni für den grossartigen Impuls für Tag 26, an den du dich vielleicht gar nicht mehr erinnern kannst. Ich hingegen weiss noch genau, wie ich an deinem Esstisch vor meinem

Computer gesessen bin und kein Stück weiter kam, bis die entscheidende Idee von dir kam.

Bei Gabriel für die hilfreichen und wohlüberlegten Feedback bei meinen Fragen.

Bei Carina, weil du du bist.

Bei all den wunderbaren Menschen, die mir mit ihren Impulsen und Feedback geholfen haben, dieses Werk zu Papier zu bringen. Sei es mit Ideen für den Titel oder Hinweisen, was ich noch bedenken sollte. Jedem von euch: Vielen, vielen Dank!

Printed in Poland
by Amazon Fulfillment
Poland Sp. z o.o., Wrocław